国家创新型城市
创新能力监测报告

2019

中华人民共和国科学技术部　编

科学技术文献出版社
SCIENTIFIC AND TECHNICAL DOCUMENTATION PRESS
·北京·

图书在版编目（CIP）数据

国家创新型城市创新能力监测报告. 2019 / 中华人民共和国科学技术部编. —北京：科学技术文献出版社，2019. 12

ISBN 978-7-5189-6367-6

Ⅰ. ①国… Ⅱ. ①中… Ⅲ. ①城市经济—经济发展—研究报告—中国—2019 Ⅳ. ①F299.21

中国版本图书馆 CIP 数据核字（2019）第 294378 号

国家创新型城市创新能力监测报告 2019

策划编辑：周国臻　　责任编辑：张　红　　责任校对：科　文　　责任出版：张志平

出 版 者　科学技术文献出版社
地　　址　北京市复兴路 15 号　邮编 100038
编 务 部　（010）58882938，58882087（传真）
发 行 部　（010）58882868，58882870（传真）
邮 购 部　（010）58882873
官方网址　www.stdp.com.cn
发 行 者　科学技术文献出版社发行　全国各地新华书店经销
印 刷 者　北京地大彩印有限公司
版　　次　2019 年 12 月第 1 版　2019 年 12 月第 1 次印刷
开　　本　889×1194　1/16
字　　数　190 千
印　　张　12.75
书　　号　ISBN 978-7-5189-6367-6
定　　价　98.00 元

《国家创新型城市创新能力监测报告 2019》

编辑委员会及编辑人员

前　言

区域创新是创新型国家的基础和依托，创新驱动发展战略的实施和科技改革发展的各项部署，最终都要落在一个个区域上。抓好区域创新，提升区域经济创新力和竞争力，落实创新驱动发展战略、建设创新型国家才有保障。在2016年召开的全国科技创新大会上，习近平总书记指出要“尊重科技创新的区域集聚规律，因地制宜探索差异化的创新发展路径，加快打造具有全球影响力的科技创新中心，建设若干具有强大带动力的创新型城市和区域创新中心”。城市作为创新资源的集聚地和创新活动的主阵地，是区域创新的关键节点，在建设创新型国家进程中发挥着举足轻重的作用。

2008年以来，科技部、国家发展改革委分别选取部分创新基础良好、优势特色突出、区域辐射作用明显的城市开展创新型城市试点。2016年，科技部、国家发展改革委联合印发《建设创新型城市工作指引》（国科发创〔2016〕370号），对创新型城市建设做出系统部署。2017年1月，科技部创新发展司、国家发展改革委高技术产业司联合印发《关于进一步做好2017年创新型城市建设有关工作的通知》（国科创函〔2017〕3号），并委托科技部中国科学技术信息研究所、国家科技评估中心于2017年上半年集中对此前支持的61个试点城市组织开展评估。评估认为，61个城市总体上完成了试点建设实施方案既定的全部或大部分任务，取得了显著成效，实现了试点建设目标，通过验收。在此基础上，2018年，两部委联合发文支持新一批17个城市开展创新型城市建设。截至目前，科技部、国家发展改革委先后共支持78个城市建设国家创新型城市，其中包括72个地级市，北京市海淀区、上海市杨浦区、天津市滨海新区、重庆市沙坪坝区4个直辖市城区，以及昌吉市、石河子市2个县级市。

2013年以来，科技部、国家统计局会同有关部门，按照党中央、国务院关于“建立全国创新调查制度”的要求，逐步开展了国家、区域、典型创新密集区等创新能力的监测评价工作，并陆续发布了国家、区域、国家高新区等一批创新监测报告和评价报告。组织开展国家创新型城市创新能力监测是《建立国家创新调查制度工作方案》确定的一项重要任务。国家创新型城市创新能力监测指标体系以两部委联合印发的《建设创新型城市工作指引》中提出的建设创新型城市指标体系为基础，对标新时代高质量发展的要求进行了修改完善。监测指标体系划分为创新基础、科教资源富集程度、产业技术创新能力、创新创业活跃程度、开放协同创新水平、支撑绿色发展能力6个维度。

《国家创新型城市创新能力监测报告》主要包括6部分内容。一是国家创新型城市创新能力监测指标体系介绍；二是国家创新型城市整体创新能力监测；三是国家创新型城市创新能力按创新基础、科教资源富集程度、产业技术创新能力、创新创业活跃程度、开放协同创新水平、支撑绿色发展能力6个维度监测；四是国家创新型城市创新能力按城市监测；五是监测指标解释和数据来源说明；六是国家创新型城市名单。本报告以2016年及2017年的统计（调查）数据为研究对象，监测了72个创新型城市的创新能力，4个直辖市城区及2个县级市因缺少统计数据，仅展示部分指标数据。

需要说明的是，城市创新发展是一个动态的、不断演进的过程，城市创新能力监测也需要与时俱进。我们将持续跟踪国内外城市创新发展的态势，不断调整完善监测指标体系，拓展新的数据来源渠道，致力于打造城市创新发展的数据平台，为创新型国家建设提供强有力的支撑。

在《国家创新型城市创新能力监测报告》的编制过程中，得到来自各方领导和专家的协助，在此，衷心感谢国家统计局、科技部火炬中心、中国科学技术发展战略研究院等有关专家的支持。

《国家创新型城市创新能力监测报告》编写组

2019年12月

目　录

一、国家创新型城市创新能力监测指标体系介绍

（一）作用意义

从国家层面上看，创新能力监测的任务是基于政府统计调查，系统发布能够客观反映国家、各区域创新活动特征的数据。创新型城市是以科技创新为经济社会发展的核心驱动力，拥有丰富的创新资源、充满活力的创新主体、高效的创新服务和政府治理、良好的创新创业环境，对建设创新型省份和国家发挥显著支撑引领作用的城市。对创新型城市创新能力的监测可为政府部门、研究机构和社会公众打造来源可靠、分析科学、使用便捷的数据平台，更为国家创新驱动发展战略和改革发展部署的实施提供有价值的参考。

从区域层面上看，国家创新型城市创新能力监测指标为各城市加快创新发展发挥重要的定靶子、瞄方向、指挥棒的引导作用。各城市在创新能力监测指标的基础上，一方面，能够更好地挖掘和分析其在国家创新型城市序列中的优势和劣势，找准自身发展的创新特色，探索各具特色的创新发展路径；另一方面，各城市也可以参考国家创新型城市创新能力监测指标，结合自身特点和发展重点，建立符合各城市需要的创新能力监测指标体系，对城市的创新发展进行动态监测。

（二）设计原则

为了科学、客观地为国家创新型城市创新能力监测和评价提供数据支撑，监测指标的建立遵循以下原则。

（1）规范

监测指标均为纳入政府统计调查制度、采用国家或部门统计标准的统计指标。统计口径和计算方法符合统计规范。

（2）权威

监测指标所涉及的基础数据均来源于权威机构、政府统计公开出版物等，为社会各界提供可靠的数据来源。

（三）指标体系

国家创新型城市创新能力监测指标体系以两部委联合印发的《建设创新型城市工作指引》中的指标体系为基础，对标新时代高质量发展的要求进行修改完善，并划分为创新基础、科教资源富集程度、产业技术创新能力、创新创业活跃程度、开放协同创新水平、支撑绿色发展能力 6 个维度，构建了国家创新型城市创新能力监测基本框架（图 1-1）。

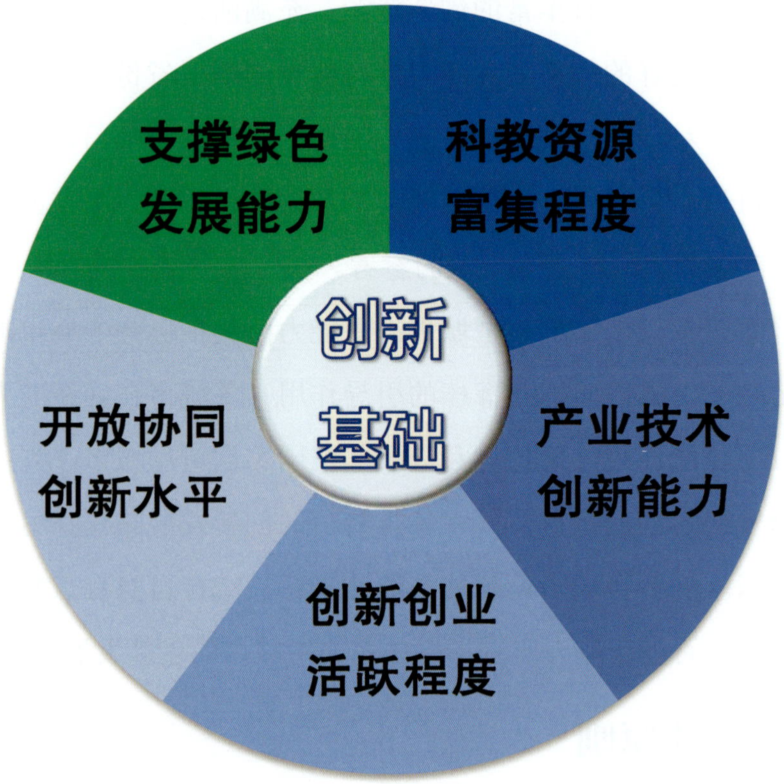

图 1-1　国家创新型城市创新能力监测基本框架

创新基础体现对城市创新的共性要求，选取了全社会 R&D 经费支出占地区 GDP 比重、万人发明专利拥有量等重要指标；创新特色分为科教资源富集程度、产业技术创新能力、创新创业活跃程度、开放协同创新水平、支撑绿色发展能力 5 个维度，引导城市探索各具特色的创新发展路径，选取了每万名就业人员中 R&D 人员、国家重点实验室数量等指标体现科教资源富集程度，高新技术企业数、高新技术企业主营业务收入等指标体现产业技术创新能力，当年新增在孵企业数、技术合同成交额等指标体现创新创业活跃程度，国家国际科技合作基地数、外国人才来华工作数等指标体现开放协同创新水平，空气质量优良率、单位地区 GDP 能耗等指标体现支撑绿色发展能力。

国家创新型城市创新能力监测指标体系（1）

一级指标	二级指标
创新基础	全社会 R&D 经费支出（亿元）
	全社会 R&D 经费支出占地区 GDP 比重（%）
	财政科技支出（亿元）
	财政科技支出占公共财政支出比重（%）
	科创板上市企业数量（家）
	发明专利拥有量（件）
	万人发明专利拥有量（件/万人）
	全员劳动生产率（万元/人）
	居民人均可支配收入（元/人）
科教资源富集程度	R&D 人员（人年）
	每万名就业人员中 R&D 人员（人年/万人）
	普通高等学校在校学生数（人）
	万人普通高等学校在校学生数（人/万人）
	基础研究经费（亿元）
	基础研究经费占 R&D 经费比重（%）
	国家重点实验室数量（个）
	中央级普通高等学校数量（个）
	中央级科研院所数量（个）
产业技术创新能力	国家工程技术研究中心数量（个）
	规上工业企业 R&D 经费支出（亿元）
	规上工业企业 R&D 经费支出占主营业务收入比重（%）
	高新技术企业数（家）
	高新技术企业主营业务收入（亿元）

国家创新型城市创新能力监测指标体系（2）

一级指标	二级指标
	高新技术企业主营业务收入占规上工业企业主营业务收入比重（%）*
	国家高新技术产业开发区营业收入（亿元）
	国家高新技术产业开发区营业收入占地区 GDP 比重（%）
创新创业活跃程度	国家级科技企业孵化器数（个）
	国家大学科技园数（个）
	国家备案众创空间数（个）
	国家级双创示范基地数（个）
	国家级科技企业孵化器当年新增在孵企业数（家）
	国家大学科技园当年新增在孵企业数（家）
	技术合同成交额（亿元）
	技术合同成交额占地区 GDP 比重（%）
开放协同创新水平	国家国际科技合作基地数（个）
	外国人才来华工作数（人次）
	高技术产品出口额（百万美元）
	高技术产品出口额占商品出口额比重（%）
	实际使用外资金额（万美元）
	实际使用外资金额占地区 GDP 比重（%）
支撑绿色发展能力	空气质量优良率（%）
	能源消费总量（万吨标准煤）
	单位地区 GDP 能耗（吨标准煤/万元）
	全社会用水总量（万立方米）
	单位地区 GDP 水耗（立方米/万元）

* “高新技术企业主营业务收入占规上工业企业主营业务收入比重”以下简称为“高新技术企业主营业务收入占规上工业企业比重”。

二、国家创新型城市整体创新能力监测

72 个国家创新型城市整体创新能力监测（1）

指标名称	2016 年	2017 年
全社会 R&D 经费支出（亿元）	8774.86	9980.74
全社会 R&D 经费支出占全国比重（%）	55.97	56.69
全社会 R&D 经费支出占地区 GDP 比重（%）	2.32	2.38
财政科技支出（亿元）	1877.50	2100.14
财政科技支出占全国比重（%）	28.60	28.90
财政科技支出占公共财政支出比重（%）	3.73	3.85
科创板上市企业数量（家）*	—	14
科创板上市企业数量占全国比重（%）	—	56.00
发明专利拥有量（件）	660680	808224
发明专利拥有量占全国比重（%）	37.28	38.76
万人发明专利拥有量（件/万人）	14.82	17.94
全员劳动生产率（万元/人）	12.08	12.81
R&D 人员（人年）	2313308	2373200
R&D 人员占全国比重（%）	59.65	58.84
每万名就业人员中 R&D 人员（人年/万人）	73.77	72.55
普通高等学校在校学生数（人）	17826727	17510021
普通高等学校在校学生数占全国比重（%）	66.13	63.59
万人普通高等学校在校学生数（人/万人）	399.99	388.699
基础研究经费（亿元）	375.84	477.01
基础研究经费占全国比重（%）	45.67	48.90
基础研究经费占 R&D 经费比重（%）	4.28	4.78
国家重点实验室数量（个）	239	239
国家重点实验室数量占全国比重（%）	52.64	52.64
中央级普通高等学校数量（个）	58	58

注：由于 4 个直辖市城区及 2 个县级市数据无法获取，此处仅监测 72 个创新型城市整体情况。

* 科创板上市企业数量 2017 年实际采用 2019 年数据，下同。

72 个国家创新型城市整体创新能力监测（2）

指标名称	2016 年	2017 年
中央级普通高等学校数量占全国比重（%）	49.15	49.15
中央级科研院所数量（个）	116	116
中央级科研院所数量占全国比重（%）	33.92	33.92
国家工程技术研究中心数量（个）	192	192
国家工程技术研究中心数量占全国比重（%）	53.48	53.48
规上工业企业 R&D 经费支出（亿元）	6623.08	7241.22
规上工业企业 R&D 经费支出占全国比重（%）	60.51	60.28
规上工业企业 R&D 经费支出占主营业务收入比重（%）	1.18	1.30
高新技术企业数（家）	56788	75659
高新技术企业数占全国比重（%）	56.78	57.92
高新技术企业主营业务收入（亿元）	148285	178613
高新技术企业主营业务收入占全国比重（%）	56.79	56.10
高新技术企业主营业务收入占规上工业企业比重（%）	26.41	31.95
国家高新技术产业开发区营业收入（亿元）	125499	172285
国家高新技术产业开发区营业收入占全国比重（%）	45.38	56.11
国家高新技术产业开发区营业收入占地区 GDP 比重（%）	33.13	41.10
国家级科技企业孵化器数（个）	557	633
国家级科技企业孵化器数占全国比重（%）	17.11	15.58
国家大学科技园数（个）	65	64
国家大学科技园数占全国比重（%）	56.52	55.65
国家备案众创空间数（个）	817	1161
国家备案众创空间数占全国比重（%）	61.11	20.23
国家级双创示范基地数（个）	19	68

72 个国家创新型城市整体创新能力监测（3）

指标名称	2016 年	2017 年
国家级双创示范基地数占全国比重（%）	67.86	56.67
国家级科技企业孵化器当年新增在孵企业数（家）	14733	15287
国家级科技企业孵化器当年新增在孵企业数占全国比重（%）	30.63	26.85
国家大学科技园当年新增在孵企业数（家）	1304	1443
国家大学科技园当年新增在孵企业数占全国比重（%）	50.68	53.52
技术合同成交额（亿元）	4639.63	5895.86
技术合同成交额占全国比重（%）	40.67	43.92
技术合同成交额占地区 GDP 比重（%）	1.22	1.41
国家国际科技合作基地数（个）	405	463
国家国际科技合作基地数占全国比重（%）	63.08	72.12
外国人才来华工作数（人次）*	64034	98663
外国人才来华工作数占全国比重（%）	47.99	42.63
高技术产品出口额（百万美元）	423632	470727
高技术产品出口额占全国比重（%）	70.12	70.52
高技术产品出口额占商品出口额比重（%）	29.11	30.00
实际使用外资金额（亿美元）	1467.97	1473.33
实际使用外资金额占全国比重（%）	55.99	53.11
实际使用外资金额占地区 GDP 比重（%）	2.57	2.37
能源消费总量（万吨标准煤）	143920	161987
单位地区 GDP 能耗（吨标准煤/万元）	0.38	0.39
全社会用水总量（万立方米）	2816818	2809812
单位地区 GDP 水耗（立方米/万元）	7.43	6.70

* 外国人才来华工作数 2016 年、2017 年实际分别采用 2017 年、2018 年数据，下同。

三、国家创新型城市创新能力按维度监测

创新基础（1）

城市	全社会 R&D 经费支出（亿元）	全社会 R&D 经费支出占地区 GDP 比重（%）	财政科技支出（亿元）	财政科技支出占公共财政支出比重（%）
石家庄市	128.24	2.08	10.06	1.25
唐山市	77.99	1.19	7.11	1.07
秦皇岛市	17.77	1.18	3.04	1.16
南京市	363.00	3.10	67.29	4.97
无锡市	297.00	2.83	42.21	4.27
徐州市	134.10	2.03	21.55	2.61
常州市	183.00	2.77	25.09	4.55
苏州市	393.43	2.27	124.03	7.00
南通市	187.24	2.42	27.24	3.36
连云港市	51.00	1.93	8.81	2.25
盐城市	100.64	1.98	25.03	3.35
扬州市	123.00	2.43	14.98	2.95
镇江市	90.46	2.26	12.65	3.27
泰州市	111.98	2.36	13.29	2.80
杭州市	396.82	3.15	92.32	5.99
宁波市	241.91	2.46	58.79	4.17
嘉兴市	120.53	2.75	20.25	4.09
湖州市	65.57	2.65	11.30	3.48
绍兴市	119.47	2.35	26.07	5.55
金华市	60.37	1.57	18.65	3.47
福州市	155.00	2.19	19.68	2.10
厦门市	142.39	3.27	23.74	2.98
泉州市	81.42	1.08	14.91	2.34
龙岩市	32.41	1.51	8.44	2.82
济南市	185.15	2.59	12.90	1.55

创新基础（2）

城市	全社会 R&D 经费支出（亿元）	全社会 R&D 经费支出占地区 GDP 比重（%）	财政科技支出（亿元）	财政科技支出占公共财政支出比重（%）
青岛市	307.09	2.79	38.59	2.75
东营市	100.84	2.64	6.43	2.32
烟台市	189.60	2.58	24.33	3.44
潍坊市	153.25	2.62	19.70	2.90
济宁市	99.04	2.14	7.21	1.27
广州市	532.41	2.48	171.26	7.83
深圳市	976.94	4.34	351.83	7.66
佛山市	216.02	2.30	46.26	5.97
东莞市	188.14	2.48	33.96	5.09
海口市	12.26	0.88	1.05	0.53
沈阳市	140.10	2.42	16.17	1.89
大连市	164.18	2.35	12.19	1.32
长春市	93.84	1.44	13.62	1.55
吉林市	23.50	1.06	3.98	0.99
哈尔滨市	96.70	1.55	8.74	0.91
太原市	72.20	2.13	18.53	3.87
合肥市	226.86	3.24	69.59	7.21
芜湖市	88.13	2.97	57.42	12.39
马鞍山市	43.62	2.55	12.31	5.40
南昌市	81.02	1.62	21.73	3.33
景德镇市	17.21	1.96	3.96	2.06
萍乡市	7.81	0.73	5.43	2.41
郑州市	158.83	1.73	33.96	2.24

创新基础（3）

城市	全社会 R&D 经费支出（亿元）	全社会 R&D 经费支出占地区 GDP 比重（%）	财政科技支出（亿元）	财政科技支出占公共财政支出比重（%）
洛阳市	86.38	2.01	13.55	2.47
南阳市	32.96	0.99	8.34	1.43
武汉市	429.00	3.20	112.99	6.54
宜昌市	54.26	1.41	14.36	2.91
襄阳市	76.42	1.88	23.00	3.58
长沙市	247.98	2.43	29.32	2.48
株洲市	52.41	2.07	12.00	2.68
衡阳市	30.12	1.03	3.24	0.61
呼和浩特市	33.14	0.99	3.66	0.91
包头市	45.18	1.11	3.92	1.19
南宁市	47.72	1.16	6.44	1.00
成都市	331.26	2.38	53.26	3.03
贵阳市	47.55	1.34	16.65	2.86
遵义市	11.24	0.41	7.79	1.22
昆明市	91.46	1.88	16.89	2.18
玉溪市	9.09	0.64	5.80	2.21
拉萨市	0.25	0.05	3.29	1.28
西安市	360.17	4.82	45.28	4.33
宝鸡市	28.81	1.31	4.28	1.40
汉中市	10.53	0.79	1.82	0.58
兰州市	46.91	1.88	6.79	1.58
西宁市	10.55	0.82	1.57	0.54
银川市	25.10	1.39	8.22	2.40
乌鲁木齐市	22.76	0.83	10.00	2.18

创新基础（4）

城市	科创板上市企业数量（家）	发明专利拥有量（件）	万人发明专利拥有量（件/万人）	全员劳动生产率（万元/人）	居民人均可支配收入（元/人）
石家庄市	0	5780	5.31	9.41	32929
唐山市	0	2590	3.28	15.81	36415
秦皇岛市	0	2227	7.16	8.81	32795
南京市	1	41510	49.80	14.57	54538
无锡市	0	22898	34.94	20.51	52659
徐州市	0	6376	7.28	10.79	30987
常州市	0	13444	28.50	15.45	49955
苏州市	3	49174	46.03	17.99	58806
南通市	0	17380	23.79	12.16	42756
连云港市	0	2432	5.38	9.06	30293
盐城市	0	3977	5.49	9.99	33115
扬州市	0	4425	9.82	11.86	38828
镇江市	0	10563	33.15	16.05	45386
泰州市	0	4822	10.37	10.55	40059
杭州市	2	43903	46.37	16.27	56276
宁波市	1	20727	25.89	11.17	55656
嘉兴市	0	6298	13.53	9.88	53057
湖州市	0	7388	24.67	8.92	49934
绍兴市	0	7015	14.00	10.35	54445
金华市	0	4568	8.21	5.79	50653
福州市	1	10823	14.13	12.61	40973
厦门市	0	9411	23.47	10.30	50019
泉州市	0	5842	6.75	12.24	42696
龙岩市	0	985	3.73	10.60	33022
济南市	0	18245	24.92	13.21	46642

创新基础（5）

城市	科创板上市企业数量（家）	发明专利拥有量（件）	万人发明专利拥有量（件/万人）	全员劳动生产率（万元/人）	居民人均可支配收入（元/人）
青岛市	0	21803	23.47	12.74	47176
东营市	0	1571	7.29	32.08	44763
烟台市	1	5553	7.83	16.56	41837
潍坊市	0	5131	5.48	5.43	36286
济宁市	0	2110	2.52	9.51	32420
广州市	1	39476	27.23	19.80	55400
深圳市	1	106856	85.29	23.80	52938
佛山市	0	15028	19.63	19.66	46849
东莞市	0	17087	20.48	10.32	46739
海口市	0	1799	7.92	7.94	33320
沈阳市	0	13387	16.14	13.11	41359
大连市	0	11371	16.27	18.86	40587
长春市	0	8843	11.81	13.32	29044
吉林市	0	1027	2.47	9.25	27179
哈尔滨市	1	16535	15.13	12.58	35546
太原市	0	7462	17.04	13.97	31469
合肥市	0	16920	21.24	11.76	37972
芜湖市	0	9518	25.75	11.90	35175
马鞍山市	0	3625	15.75	12.14	41403
南昌市	0	4166	7.63	13.88	37675
景德镇市	0	475	2.85	10.26	34283
萍乡市	0	294	1.53	10.08	33120
郑州市	0	10382	10.51	15.00	36050

创新基础（6）

城市	科创板上市企业数量（家）	发明专利拥有量（件）	万人发明专利拥有量（件/万人）	全员劳动生产率（万元/人）	居民人均可支配收入（元/人）
洛阳市	0	6253	9.17	9.29	33273
南阳市	0	1563	1.56	4.59	29128
武汉市	0	30955	28.42	22.85	43405
宜昌市	0	2585	6.25	10.94	32316
襄阳市	0	2581	4.56	11.26	31316
长沙市	0	20700	26.14	19.64	46948
株洲市	0	4086	10.16	8.92	39787
衡阳市	0	1193	1.66	6.08	31300
呼和浩特市	0	1861	5.97	18.04	43518
包头市	0	1208	4.20	24.70	44231
南宁市	0	5788	8.09	8.45	33217
成都市	0	30522	19.02	11.37	38918
贵阳市	0	5262	10.96	12.97	32186
遵义市	0	1191	1.91	5.99	29617
昆明市	0	7578	11.17	10.95	39788
玉溪市	0	799	3.36	8.19	34880
拉萨市	0	437	6.35	11.08	32408
西安市	2	30184	31.39	12.53	38536
宝鸡市	0	992	2.62	12.43	34351
汉中市	0	372	1.08	6.70	27812
兰州市	0	4013	10.76	10.82	32331
西宁市	0	1008	4.28	9.51	30043
银川市	0	1448	6.51	15.48	32981
乌鲁木齐市	0	2423	6.91	14.37	37028

科教资源富集程度（1）

城市	R&D 人员（人年）	每万名就业人员中 R&D 人员（人年/万人）	普通高等学校在校学生数（人）	万人普通高等学校在校学生数（人/万人）
石家庄市	34542	52.59	460695	423.44
唐山市	16465	39.85	123287	156.12
秦皇岛市	6116	35.91	153914	494.77
南京市	88914	110.59	721540	865.67
无锡市	67700	132.06	112689	171.97
徐州市	28088	45.86	129254	147.49
常州市	53423	124.69	102676	217.66
苏州市	124326	129.12	209735	196.31
南通市	42898	67.44	90388	123.73
连云港市	9184	31.53	39855	88.21
盐城市	28343	55.69	62357	86.10
扬州市	27871	65.25	82755	183.57
镇江市	24295	97.23	80370	252.24
泰州市	19599	43.59	61748	132.74
杭州市	96424	124.50	425769	449.69
宁波市	85222	96.75	156110	195.02
嘉兴市	34597	78.00	69153	148.52
湖州市	18965	68.31	26383	88.09
绍兴市	39187	79.89	97345	194.30
金华市	26816	40.36	75378	135.47
福州市	42347	75.38	313857	409.73
厦门市	39747	94.04	140266	349.79
泉州市	21561	34.96	126125	145.81
龙岩市	6260	30.83	17313	65.58
济南市	48797	90.11	544448	743.66

科教资源富集程度（2）

城市	R&D 人员（人年）	每万名就业人员中 R&D 人员（人年/万人）	普通高等学校在校学生数（人）	万人普通高等学校在校学生数（人/万人）
青岛市	46477	53.72	346238	372.68
东营市	10785	90.70	32782	152.15
烟台市	31605	71.26	182645	257.63
潍坊市	22241	20.63	179905	192.14
济宁市	19020	39.01	112468	134.28
广州市	116779	107.54	1067335	736.17
深圳市	169092	178.97	80613	64.34
佛山市	61545	128.75	121681	158.92
东莞市	54077	73.59	118416	141.94
海口市	5328	30.42	127323	560.38
沈阳市	36850	83.50	397776	479.59
大连市	30500	82.28	284856	407.64
长春市	46806	96.00	437812	584.59
吉林市	5940	24.87	102474	246.72
哈尔滨市	31920	64.19	508209	465.01
太原市	22118	91.35	440173	1005.03
合肥市	50028	84.04	502943	631.44
芜湖市	18275	73.38	166698	451.02
马鞍山市	8030	57.01	53635	232.99
南昌市	26475	73.43	609801	1116.14
景德镇市	5771	67.40	32276	193.86
萍乡市	1795	16.91	27419	142.44
郑州市	41289	67.36	935332	946.63

科教资源富集程度（3）

城市	R&D 人员（人年）	每万名就业人员中 R&D 人员（人年/万人）	普通高等学校在校学生数（人）	万人普通高等学校在校学生数（人/万人）
洛阳市	18360	39.76	118132	173.15
南阳市	10503	14.40	86448	86.02
武汉市	64257	109.49	947651	869.97
宜昌市	10875	30.86	57233	138.39
襄阳市	23352	64.70	50348	89.05
长沙市	67291	129.45	610379	770.87
株洲市	10182	35.90	88946	221.18
衡阳市	8378	17.43	159110	220.82
呼和浩特市	7788	42.16	239330	768.36
包头市	14918	90.31	75977	264.02
南宁市	18599	38.17	425726	595.15
成都市	67430	55.18	817432	509.47
贵阳市	16263	59.60	349952	728.76
遵义市	4924	10.72	68028	108.87
昆明市	29444	66.39	503538	742.35
玉溪市	2243	12.97	16148	67.82
拉萨市	1927	44.56	20404	296.44
西安市	52491	88.04	726752	755.72
宝鸡市	6581	37.33	34075	90.12
汉中市	3678	18.49	46200	133.94
兰州市	16691	72.23	406279	1089.34
西宁市	3564	26.38	74222	315.17
银川市	8221	70.56	101638	456.72
乌鲁木齐市	10808	56.89	193853	553.23

科教资源富集程度（4）

城市	基础研究经费（亿元）	基础研究经费占R&D经费比重（%）	国家重点实验室数量（个）	中央级普通高等学校数量（个）	中央级科研院所数量（个）
石家庄市	2.87	2.24	3	0	1
唐山市	0.58	0.75	0	0	0
秦皇岛市	1.02	5.75	1	0	0
南京市	39.34	10.84	27	8	21
无锡市	2.12	0.72	2	1	0
徐州市	3.28	2.44	3	1	1
常州市	0.63	0.34	1	0	0
苏州市	7.45	1.89	0	0	2
南通市	0.66	0.35	0	0	0
连云港市	0.16	0.31	1	0	0
盐城市	0.49	0.48	0	0	0
扬州市	1.31	1.07	0	0	1
镇江市	3.10	3.43	0	0	1
泰州市	0.06	0.05	1	0	0
杭州市	22.43	5.65	12	1	6
宁波市	2.61	1.08	0	1	1
嘉兴市	0.12	0.10	1	0	0
湖州市	0.16	0.24	0	0	0
绍兴市	0.26	0.22	0	0	0
金华市	0.97	1.61	0	0	0
福州市	11.28	7.28	1	0	1
厦门市	10.96	7.70	4	1	2
泉州市	0.35	0.43	0	1	0
龙岩市	0.03	0.11	1	0	0
济南市	12.91	6.97	4	1	0

科教资源富集程度（5）

城市	基础研究经费（亿元）	基础研究经费占R&D经费比重（%）	国家重点实验室数量（个）	中央级普通高等学校数量（个）	中央级科研院所数量（个）
青岛市	14.44	4.70	8	2	4
东营市	0.95	0.95	0	0	0
烟台市	1.39	0.73	1	0	1
潍坊市	0.55	0.36	1	0	0
济宁市	1.27	1.29	1	0	0
广州市	64.48	12.11	17	5	8
深圳市	26.09	2.67	6	0	3
佛山市	0.81	0.38	0	0	0
东莞市	0.88	0.47	1	0	0
海口市	2.21	18.00	0	0	4
沈阳市	12.32	8.79	10	1	2
大连市	14.40	8.77	5	3	1
长春市	15.15	16.14	11	2	4
吉林市	0.53	2.24	0	0	0
哈尔滨市	20.57	21.27	7	3	6
太原市	6.55	9.07	4	0	1
合肥市	26.51	11.69	5	2	3
芜湖市	1.55	1.76	0	0	0
马鞍山市	0.27	0.62	1	0	0
南昌市	5.56	6.86	2	0	0
景德镇市	0.20	1.19	0	0	0
萍乡市	0.09	1.22	0	0	0
郑州市	2.51	1.58	3	1	3

科教资源富集程度（6）

城市	基础研究经费（亿元）	基础研究经费占R&D 经费比重（%）	国家重点实验室数量（个）	中央级普通高等学校数量（个）	中央级科研院所数量（个）
洛阳市	1.06	1.22	5	0	0
南阳市	0.12	0.37	1	0	0
武汉市	23.34	5.44	25	8	7
宜昌市	0.20	0.37	0	0	0
襄阳市	0.21	0.27	0	0	0
长沙市	10.08	4.07	10	3	3
株洲市	0.26	0.50	3	0	0
衡阳市	0.76	2.51	0	0	0
呼和浩特市	2.01	6.07	1	0	3
包头市	0.39	0.86	2	0	0
南宁市	11.33	23.75	2	0	0
成都市	22.65	6.84	10	5	5
贵阳市	6.22	13.08	4	0	1
遵义市	1.21	10.76	0	0	0
昆明市	11.94	13.05	4	0	5
玉溪市	0.07	0.82	0	0	0
拉萨市	0.67	271.00	0	0	0
西安市	16.54	4.59	17	5	4
宝鸡市	0.20	0.71	0	0	0
汉中市	0.25	2.34	0	0	0
兰州市	12.20	26.02	7	2	6
西宁市	2.16	20.44	1	0	2
银川市	4.01	15.98	1	1	0
乌鲁木齐市	4.68	20.56	1	0	3

产业技术创新能力（1）

城市	国家工程技术研究中心数量（个）	规上工业企业 R&D 经费支出（亿元）	规上工业企业 R&D 经费支出占主营业务收入比重（%）	高新技术企业数（家）
石家庄市	1	82.99	0.92	807
唐山市	0	77.99	0.82	303
秦皇岛市	0	16.61	1.02	134
南京市	15	153.20	1.40	1821
无锡市	6	268.01	1.72	1638
徐州市	1	121.97	1.05	392
常州市	1	169.19	1.40	1150
苏州市	2	393.43	1.23	4381
南通市	1	185.06	1.27	1025
连云港市	1	46.24	0.87	244
盐城市	0	98.56	1.22	607
扬州市	1	108.76	1.21	734
镇江市	1	90.46	1.34	617
泰州市	0	111.98	0.94	580
杭州市	10	241.93	1.83	2820
宁波市	0	216.65	1.38	1473
嘉兴市	0	120.55	1.42	880
湖州市	0	63.23	1.51	628
绍兴市	1	119.47	1.59	668
金华市	0	60.35	1.68	526
福州市	4	101.96	1.24	734
厦门市	2	113.23	2.03	1405
泉州市	1	75.61	0.57	381
龙岩市	0	31.43	1.36	104
济南市	6	116.56	1.38	1051

产业技术创新能力（2）

城市	国家工程技术研究中心数量（个）	规上工业企业R&D经费支出（亿元）	规上工业企业R&D经费支出占主营业务收入比重（%）	高新技术企业数（家）
青岛市	10	243.98	2.00	2027
东营市	1	95.10	0.76	147
烟台市	5	183.48	1.32	450
潍坊市	2	148.48	1.28	538
济宁市	1	93.35	1.47	311
广州市	9	254.86	1.44	8678
深圳市	5	841.10	2.73	10973
佛山市	0	216.02	1.06	2531
东莞市	1	161.42	0.88	4026
海口市	2	6.18	1.24	205
沈阳市	6	56.33	1.05	843
大连市	4	85.28	1.55	814
长春市	4	46.49	0.45	345
吉林市	0	20.01	1.22	60
哈尔滨市	4	48.04	1.59	613
太原市	0	42.09	1.47	626
合肥市	5	137.06	1.58	1662
芜湖市	2	82.32	1.38	504
马鞍山市	1	38.98	1.31	338
南昌市	4	56.78	0.91	615
景德镇市	1	14.62	1.31	49
萍乡市	0	7.54	0.63	77
郑州市	6	103.40	0.70	803

产业技术创新能力（3）

城市	国家工程技术研究中心数量（个）	规上工业企业R&D经费支出（亿元）	规上工业企业R&D经费支出占主营业务收入比重（%）	高新技术企业数（家）
洛阳市	2	58.14	0.76	335
南阳市	0	31.82	0.87	79
武汉市	18	158.25	1.13	2763
宜昌市	0	47.10	1.74	373
襄阳市	0	76.42	1.51	404
长沙市	14	171.23	1.63	1579
株洲市	0	37.42	1.20	286
衡阳市	0	27.13	1.24	141
呼和浩特市	1	19.09	0.78	194
包头市	0	39.03	1.87	105
南宁市	1	15.95	0.46	446
成都市	9	115.55	0.93	2405
贵阳市	5	27.74	0.89	433
遵义市	0	8.49	0.38	117
昆明市	4	36.81	0.98	805
玉溪市	0	7.98	0.57	91
拉萨市	0	0.17	0.11	27
西安市	2	110.47	2.18	1828
宝鸡市	2	28.81	1.09	122
汉中市	0	9.29	0.79	28
兰州市	2	10.11	0.47	303
西宁市	0	5.15	0.41	118
银川市	2	16.48	0.86	63
乌鲁木齐市	3	14.30	0.62	276

产业技术创新能力（4）

城市	高新技术企业主营业务收入（亿元）	高新技术企业主营业务收入占规上工业企业比重（%）	国家高新技术产业开发区营业收入（亿元）	国家高新技术产业开发区营业收入占地区 GDP 比重（%）
石家庄市	2135.08	23.79	1754.82	28.41
唐山市	1221.64	12.89	116.68	1.79
秦皇岛市	426.64	26.19	0.00	0.00
南京市	4820.04	44.07	5739.47	48.99
无锡市	4615.25	29.69	5462.49	51.97
徐州市	1245.37	10.67	984.25	14.90
常州市	2897.03	23.97	3691.07	55.77
苏州市	10906.08	34.08	5868.08	33.88
南通市	2886.29	19.87	2527.62	32.68
连云港市	937.25	17.56	495.24	18.76
盐城市	1323.15	16.37	675.39	13.29
扬州市	1471.55	16.30	508.52	10.04
镇江市	1669.27	24.64	755.44	18.84
泰州市	1467.92	12.29	1114.07	23.48
杭州市	8197.02	62.05	6745.83	53.52
宁波市	4640.99	29.67	3638.01	36.96
嘉兴市	2925.09	34.34	634.05	14.47
湖州市	1454.22	34.83	475.31	19.20
绍兴市	1707.83	22.71	579.94	11.42
金华市	1081.73	30.14	0.00	0.00
福州市	1124.67	13.63	889.52	12.55
厦门市	2224.18	39.80	2844.65	65.37
泉州市	649.67	4.88	733.10	9.71
龙岩市	336.70	14.60	329.04	15.28
济南市	3281.14	38.90	4037.70	56.46

产业技术创新能力（5）

城市	高新技术企业主营业务收入（亿元）	高新技术企业主营业务收入占规上工业企业比重（%）	国家高新技术产业开发区营业收入（亿元）	国家高新技术产业开发区营业收入占地区 GDP 比重（%）
青岛市	3882.18	31.76	2690.85	24.41
东营市	777.95	6.20	373.74	9.80
烟台市	1503.82	10.84	685.08	9.33
潍坊市	2355.55	20.28	3504.43	59.85
济宁市	610.99	9.59	2466.76	53.20
广州市	10102.15	57.23	7131.84	33.17
深圳市	22840.12	74.10	7271.17	32.33
佛山市	5286.18	26.04	4198.36	44.67
东莞市	6590.77	36.13	3279.98	43.26
海口市	373.69	74.71	451.58	32.47
沈阳市	1779.49	33.25	1256.88	21.73
大连市	1855.90	33.76	2252.30	32.22
长春市	1512.15	14.62	5969.96	91.92
吉林市	241.06	14.66	877.29	39.72
哈尔滨市	1284.33	42.41	1695.18	27.09
太原市	2020.64	70.43	2034.25	60.15
合肥市	3642.90	41.91	4596.73	65.64
芜湖市	1828.03	30.54	1341.99	45.29
马鞍山市	699.96	23.45	979.51	57.28
南昌市	2846.36	45.73	2852.30	57.01
景德镇市	382.20	34.21	1000.27	113.89
萍乡市	50.83	4.22	0.00	0.00
郑州市	2158.95	14.65	2661.04	28.94

产业技术创新能力（6）

城市	高新技术企业主营业务收入（亿元）	高新技术企业主营业务收入占规上工业企业比重（%）	国家高新技术产业开发区营业收入（亿元）	国家高新技术产业开发区营业收入占地区 GDP 比重（%）
洛阳市	1004.95	13.05	1760.01	41.02
南阳市	369.95	10.11	315.14	9.42
武汉市	7323.34	52.28	12012.46	89.58
宜昌市	1268.84	46.75	1317.19	34.15
襄阳市	2038.93	40.37	3152.71	77.56
长沙市	6943.76	66.12	5519.20	54.06
株洲市	1684.08	53.92	2164.88	85.57
衡阳市	553.40	25.34	698.88	23.92
呼和浩特市	497.77	20.32	702.61	21.09
包头市	570.93	27.42	1091.45	26.75
南宁市	963.39	27.70	2542.07	61.72
成都市	3986.81	31.92	5927.59	42.68
贵阳市	1077.89	34.76	3116.90	88.10
遵义市	228.80	10.35	0.00	0.00
昆明市	2580.26	68.56	2078.74	42.79
玉溪市	211.74	15.18	813.69	57.50
拉萨市	74.93	49.57	0.00	0.00
西安市	3871.50	76.57	11229.68	150.29
宝鸡市	953.70	36.03	2047.03	93.40
汉中市	162.22	13.74	0.00	0.00
兰州市	659.68	30.74	1946.24	77.82
西宁市	401.28	31.57	104.58	8.14
银川市	213.51	11.16	108.59	6.02
乌鲁木齐市	699.18	30.20	3463.85	126.85

创新创业活跃程度（1）

城市	国家级科技企业孵化器数（个）	国家大学科技园数（个）	国家备案众创空间数（个）	国家级双创示范基地数（个）
石家庄市	8	0	28	0
唐山市	1	0	11	0
秦皇岛市	3	1	4	0
南京市	26	5	52	4
无锡市	20	2	15	0
徐州市	11	1	5	0
常州市	20	1	9	1
苏州市	42	3	51	1
南通市	13	1	9	0
连云港市	2	0	2	0
盐城市	13	0	7	0
扬州市	7	0	12	0
镇江市	10	1	4	0
泰州市	8	0	2	0
杭州市	32	4	55	4
宁波市	10	1	23	2
嘉兴市	9	0	10	1
湖州市	7	0	7	0
绍兴市	3	0	1	0
金华市	2	0	1	0
福州市	4	1	7	1
厦门市	5	1	33	1
泉州市	2	0	7	1
龙岩市	1	0	0	0
济南市	10	1	35	2

创新创业活跃程度（2）

城市	国家级科技企业孵化器数（个）	国家大学科技园数（个）	国家备案众创空间数（个）	国家级双创示范基地数（个）
青岛市	19	3	76	2
东营市	5	1	2	0
烟台市	9	0	10	0
潍坊市	7	0	9	0
济宁市	6	0	15	0
广州市	25	1	51	2
深圳市	22	1	86	4
佛山市	18	0	20	0
东莞市	15	0	18	0
海口市	0	2	5	1
沈阳市	10	2	25	1
大连市	11	2	29	2
长春市	14	2	13	4
吉林市	2	1	2	0
哈尔滨市	12	4	19	2
太原市	8	0	19	1
合肥市	12	1	17	3
芜湖市	2	0	5	1
马鞍山市	3	0	1	0
南昌市	8	3	22	1
景德镇市	1	0	3	0
萍乡市	0	0	1	0
郑州市	11	0	20	1

创新创业活跃程度（3）

城市	国家级科技企业孵化器数（个）	国家大学科技园数（个）	国家备案众创空间数（个）	国家级双创示范基地数（个）
洛阳市	7	0	6	1
南阳市	1	0	3	0
武汉市	29	3	36	4
宜昌市	4	0	5	0
襄阳市	4	0	2	0
长沙市	12	0	25	2
株洲市	2	0	6	0
衡阳市	0	0	0	0
呼和浩特市	2	0	12	0
包头市	3	0	11	1
南宁市	5	0	5	1
成都市	16	4	44	3
贵阳市	3	2	17	2
遵义市	1	0	2	1
昆明市	11	2	25	1
玉溪市	0	0	2	0
拉萨市	1	0	0	1
西安市	22	3	54	3
宝鸡市	3	0	2	0
汉中市	0	0	0	0
兰州市	6	3	23	1
西宁市	4	0	4	1
银川市	2	0	4	2
乌鲁木齐市	6	1	15	1

创新创业活跃程度（4）

城市	国家级科技企业孵化器当年新增在孵企业数（家）	国家大学科技园当年新增在孵企业数（家）	技术合同成交额（亿元）	技术合同成交额占地区 GDP 比重（%）
石家庄市	193	0	27.10	0.44
唐山市	23	0	16.66	0.26
秦皇岛市	84	15	1.38	0.09
南京市	505	112	284.75	2.43
无锡市	343	79	112.96	1.07
徐州市	261	0	33.15	0.50
常州市	293	0	52.76	0.80
苏州市	1030	82	155.96	0.90
南通市	230	23	37.95	0.49
连云港市	46	0	11.47	0.43
盐城市	226	0	6.74	0.13
扬州市	205	0	28.41	0.56
镇江市	169	17	14.49	0.36
泰州市	171	0	22.04	0.46
杭州市	844	93	121.63	0.97
宁波市	339	37	24.63	0.25
嘉兴市	263	0	12.90	0.29
湖州市	164	0	37.62	1.52
绍兴市	34	0	8.30	0.16
金华市	40	0	9.57	0.25
福州市	77	42	21.65	0.31
厦门市	265	12	44.85	1.03
泉州市	43	0	0.84	0.01
龙岩市	10	0	6.37	0.30
济南市	317	23	84.70	1.18

创新创业活跃程度（5）

城市	国家级科技企业孵化器当年新增在孵企业数（家）	国家大学科技园当年新增在孵企业数（家）	技术合同成交额（亿元）	技术合同成交额占地区 GDP 比重（%）
青岛市	286	45	114.76	1.04
东营市	76	30	20.36	0.53
烟台市	290	0	57.89	0.79
潍坊市	108	0	48.70	0.83
济宁市	136	0	20.60	0.44
广州市	512	35	353.89	1.65
深圳市	592	37	554.44	2.47
佛山市	403	0	2.19	0.02
东莞市	285	0	8.31	0.11
海口市	0	41	3.53	0.25
沈阳市	256	23	218.16	3.77
大连市	251	39	103.38	1.48
长春市	250	0	212.57	3.27
吉林市	50	0	3.61	0.16
哈尔滨市	238	85	132.05	2.11
太原市	112	0	63.05	1.86
合肥市	409	64	142.70	2.04
芜湖市	65	0	48.31	1.63
马鞍山市	81	0	12.25	0.72
南昌市	213	70	42.80	0.86
景德镇市	11	0	4.07	0.46
萍乡市	0	0	5.00	0.47
郑州市	387	0	34.78	0.38

创新创业活跃程度（6）

城市	国家级科技企业孵化器当年新增在孵企业数（家）	国家大学科技园当年新增在孵企业数（家）	技术合同成交额（亿元）	技术合同成交额占地区 GDP 比重（%）
洛阳市	284	0	29.92	0.70
南阳市	11	0	0.96	0.03
武汉市	743	92	594.91	4.44
宜昌市	110	0	108.92	2.82
襄阳市	113	0	104.07	2.56
长沙市	340	0	103.50	1.01
株洲市	16	0	35.22	1.39
衡阳市	0	0	6.14	0.21
呼和浩特市	32	0	9.69	0.29
包头市	82	0	0.60	0.01
南宁市	212	0	25.51	0.62
成都市	696	123	362.74	2.61
贵阳市	133	49	43.98	1.24
遵义市	62	0	6.86	0.25
昆明市	329	26	70.08	1.44
玉溪市	0	0	1.36	0.10
拉萨市	10	0	0.04	0.01
西安市	452	58	848.42	11.35
宝鸡市	47	0	25.05	1.14
汉中市	0	0	1.78	0.13
兰州市	185	28	56.59	2.26
西宁市	45	0	67.67	5.27
银川市	39	0	3.22	0.18
乌鲁木齐市	160	63	2.31	0.08

开放协同创新水平（1）

城市	国家国际科技合作基地数（个）	外国人才来华工作数（人次）	高技术产品出口额（百万美元）
石家庄市	9	381	961.94
唐山市	3	196	132.25
秦皇岛市	1	216	368.82
南京市	13	3002	10232.13
无锡市	8	3694	18545.54
徐州市	1	336	207.52
常州市	5	1531	3856.70
苏州市	10	12395	98241.52
南通市	2	1177	3471.28
连云港市	2	165	594.50
盐城市	0	594	1426.45
扬州市	0	256	1218.05
镇江市	3	417	747.97
泰州市	2	295	537.27
杭州市	22	4377	6437.13
宁波市	10	3121	4423.73
嘉兴市	1	1611	2125.07
湖州市	1	391	368.27
绍兴市	1	1	778.96
金华市	0	422	1100.99
福州市	10	953	3561.28
厦门市	6	2244	9829.07
泉州市	0	595	278.27
龙岩市	1	28	15.22
济南市	7	558	1019.61

开放协同创新水平（2）

城市	国家国际科技合作基地数（个）	外国人才来华工作数（人次）	高技术产品出口额（百万美元）
青岛市	19	5483	3462.91
东营市	2	150	352.13
烟台市	3	1600	5465.78
潍坊市	2	366	889.31
济宁市	1	301	67.31
广州市	22	12071	16389.08
深圳市	7	16692	114572.68
佛山市	0	1190	3431.58
东莞市	5	3606	43586.15
海口市	5	250	56.67
沈阳市	4	999	1166.64
大连市	20	4921	3912.05
长春市	16	556	262.04
吉林市	0	114	42.36
哈尔滨市	22	756	156.79
太原市	11	199	5843.85
合肥市	13	606	5676.33
芜湖市	2	189	746.27
马鞍山市	2	79	131.39
南昌市	9	316	1250.56
景德镇市	2	23	25.29
萍乡市	1	27	27.35
郑州市	10	—	29843.35

开放协同创新水平（3）

城市	国家国际科技合作基地数（个）	外国人才来华工作数（人次）	高技术产品出口额（百万美元）
洛阳市	3	—	293.17
南阳市	1	—	81.35
武汉市	29	177	10068.73
宜昌市	0	15	415.75
襄阳市	1	1	80.93
长沙市	15	522	1779.38
株洲市	2	55	144.23
衡阳市	1	38	405.92
呼和浩特市	3	66	433.42
包头市	1	86	3.00
南宁市	11	352	2829.51
成都市	19	4031	23906.64
贵阳市	5	334	1631.79
遵义市	0	44	1045.03
昆明市	16	1042	357.54
玉溪市	0	37	7.21
拉萨市	1	31	11.70
西安市	21	1827	18890.57
宝鸡市	1	—	39.07
汉中市	0	—	65.57
兰州市	17	35	45.65
西宁市	4	131	0.71
银川市	4	265	104.29
乌鲁木齐市	12	125	248.91

开放协同创新水平（4）

城市	高技术产品出口额占商品出口额比重（%）	实际使用外资金额（万美元）	实际使用外资金额占地区 GDP 比重（%）
石家庄市	6.26	139458	1.52
唐山市	1.83	160669	1.66
秦皇岛市	11.38	102197	4.60
南京市	30.24	367273	2.12
无锡市	36.99	367545	2.36
徐州市	3.88	165991	1.70
常州市	16.09	221608	2.26
苏州市	51.97	450392	1.76
南通市	12.54	242266	2.11
连云港市	14.80	70902	1.81
盐城市	21.08	78862	1.05
扬州市	12.12	120813	1.61
镇江市	9.75	135267	2.28
泰州市	5.36	170242	2.42
杭州市	12.81	661001	3.54
宁波市	6.75	402995	2.76
嘉兴市	7.05	299452	4.62
湖州市	3.24	105320	2.87
绍兴市	2.62	128666	1.71
金华市	2.04	43044	0.76
福州市	21.15	198527	1.89
厦门市	30.93	237830	3.69
泉州市	1.18	159194	1.42
龙岩市	1.01	29553	0.93
济南市	11.03	187624	1.77

开放协同创新水平（5）

城市	高技术产品出口额占商品出口额比重（%）	实际使用外资金额（万美元）	实际使用外资金额占地区 GDP 比重（%）
青岛市	8.42	773500	4.74
东营市	6.73	23223	0.41
烟台市	20.18	214651	1.97
潍坊市	5.51	115439	1.33
济宁市	1.42	59423	0.87
广州市	14.86	628947	1.97
深圳市	43.38	740126	2.22
佛山市	8.18	162349	1.17
东莞市	39.68	171893	1.53
海口市	9.92	2884	0.14
沈阳市	20.54	101263	1.18
大连市	14.71	324870	3.14
长春市	13.06	38980	0.41
吉林市	4.61	41850	1.28
哈尔滨市	6.39	344218	3.71
太原市	51.53	10713	0.21
合肥市	41.40	302037	2.91
芜湖市	16.30	268730	6.12
马鞍山市	9.05	227642	8.99
南昌市	14.90	386418	5.21
景德镇市	3.35	20463	1.57
萍乡市	6.49	36704	2.31
郑州市	84.09	404969	2.97

开放协同创新水平（6）

城市	高技术产品出口额占商品出口额比重（%）	实际使用外资金额（万美元）	实际使用外资金额占地区 GDP 比重（%）
洛阳市	15.47	269864	4.25
南阳市	4.66	60297	1.22
武汉市	60.61	964690	4.86
宜昌市	15.44	25634	0.45
襄阳市	6.33	91560	1.52
长沙市	29.12	525042	3.47
株洲市	9.99	112542	3.00
衡阳市	15.84	128314	2.97
呼和浩特市	19.88	36775	0.75
包头市	0.25	20400	0.34
南宁市	57.05	22642	0.37
成都市	81.54	1004100	4.88
贵阳市	44.08	134540	2.57
遵义市	91.38	39125	0.96
昆明市	9.83	80133	1.11
玉溪市	0.86	1133	0.05
拉萨市	3.26	778	0.11
西安市	85.71	530681	4.80
宝鸡市	7.53	7227	0.22
汉中市	52.57	3323	0.17
兰州市	5.09	10035	0.27
西宁市	0.26	12837	0.67
银川市	4.69	3065	0.11
乌鲁木齐市	3.04	577	0.01

支撑绿色发展能力（1）

城市	空气质量优良率（%）	能源消费总量（万吨标准煤）	单位地区GDP能耗（吨标准煤/万元）	全社会用水总量（万立方米）	单位地区GDP水耗（立方米/万元）
石家庄市	41.37	3777.73	0.61	27678.69	4.48
唐山市	56.16	8721.93	1.34	26971.82	4.13
秦皇岛市	73.42	1072.44	0.71	10559.92	7.04
南京市	72.33	3784.38	0.32	135182.94	11.54
无锡市	67.67	3859.14	0.37	42048.08	4.00
徐州市	48.22	2277.40	0.34	26708.41	4.04
常州市	68.22	1827.98	0.28	31590.84	4.77
苏州市	71.51	5307.12	0.31	81715.93	4.72
南通市	72.88	2437.00	0.32	29703.20	3.84
连云港市	79.18	937.16	0.35	12925.94	4.90
盐城市	80.00	890.64	0.18	11300.41	2.22
扬州市	62.47	1505.66	0.30	18998.85	3.75
镇江市	63.56	1433.15	0.36	16411.47	4.09
泰州市	74.25	896.30	0.19	9987.31	2.11
杭州市	74.25	1841.70	0.15	83192.32	6.60
宁波市	85.21	4312.00	0.44	61210.74	6.22
嘉兴市	72.88	2060.09	0.47	12284.16	2.80
湖州市	68.49	758.68	0.31	9730.41	3.93
绍兴市	75.34	1154.40	0.23	41973.03	8.27
金华市	87.95	1630.94	0.42	9316.00	2.42
福州市	95.62	3173.84	0.45	47347.65	6.68
厦门市	99.18	1699.93	0.39	45815.84	10.53
泉州市	94.52	3884.60	0.51	14585.44	1.93
龙岩市	100.00	1282.79	0.60	7308.68	3.39
济南市	49.59	3836.72	0.54	46170.78	6.46

支撑绿色发展能力（2）

城市	空气质量优良率（%）	能源消费总量（万吨标准煤）	单位地区GDP能耗（吨标准煤/万元）	全社会用水总量（万立方米）	单位地区GDP水耗（立方米/万元）
青岛市	77.53	5488.17	0.50	47272.64	4.29
东营市	55.34	2333.33	0.61	14991.47	3.93
烟台市	80.55	3638.21	0.50	19136.57	2.61
潍坊市	57.53	4313.39	0.74	15945.71	2.72
济宁市	59.45	2939.51	0.63	17720.57	3.82
广州市	80.55	5960.96	0.28	238567.93	11.09
深圳市	93.97	858.52	0.04	174888.00	7.78
佛山市	80.00	0.00	0.00	48946.00	5.21
东莞市	82.47	1428.72	0.19	148524.22	19.59
海口市	96.44	491.26	0.35	22198.92	15.96
沈阳市	70.14	834.85	0.14	67444.23	11.66
大连市	82.19	1600.00	0.23	49568.60	7.09
长春市	75.62	1971.00	0.30	38401.19	5.91
吉林市	70.96	2041.00	0.92	20215.00	9.15
哈尔滨市	74.25	3828.47	0.61	41319.34	6.60
太原市	48.22	2759.98	0.82	34139.65	10.09
合肥市	61.37	2178.07	0.31	54337.15	7.76
芜湖市	68.22	1203.60	0.41	18054.02	6.09
马鞍山市	65.21	1934.71	1.13	13224.05	7.73
南昌市	82.19	1515.32	0.30	40895.26	8.17
景德镇市	90.96	411.80	0.47	6219.68	7.08
萍乡市	78.90	910.89	0.85	4024.03	3.76
郑州市	45.48	2303.14	0.25	39634.62	4.31

支撑绿色发展能力（3）

城市	空气质量优良率（%）	能源消费总量（万吨标准煤）	单位地区GDP能耗（吨标准煤/万元）	全社会用水总量（万立方米）	单位地区GDP水耗（立方米/万元）
洛阳市	45.48	1902.57	0.44	16736.93	3.90
南阳市	56.00	954.37	0.29	10065.09	3.01
武汉市	69.86	5946.10	0.44	143395.99	10.69
宜昌市	70.68	1453.13	0.38	15372.94	3.99
襄阳市	66.00	1842.67	0.45	15308.45	3.77
长沙市	71.78	514.25	0.05	50166.86	4.91
株洲市	74.52	379.58	0.15	18329.11	7.24
衡阳市	79.00	446.07	0.15	16333.30	5.59
呼和浩特市	69.86	1649.40	0.49	16885.00	5.07
包头市	75.89	4197.70	1.03	18842.67	4.62
南宁市	92.33	1203.27	0.29	56208.48	13.65
成都市	64.38	4931.96	0.36	110952.80	7.99
贵阳市	95.07	2211.79	0.63	34992.73	9.89
遵义市	94.25	1761.63	0.64	8620.17	3.14
昆明市	98.63	2457.74	0.51	44531.81	9.17
玉溪市	99.18	1148.36	0.81	3517.85	2.49
拉萨市	98.90	55.35	0.12	7009.59	14.63
西安市	49.32	2813.62	0.38	87740.72	11.74
宝鸡市	67.67	1036.11	0.47	7454.65	3.40
汉中市	87.95	918.43	0.69	2984.45	2.24
兰州市	63.56	1699.58	0.68	26385.62	10.55
西宁市	80.55	2129.00	1.66	15739.62	12.25
银川市	63.56	3158.03	1.75	15475.24	8.58
乌鲁木齐市	66.03	1867.79	0.68	30375.00	11.12

四、国家创新型城市创新能力按城市监测

石家庄市（1）

指标名称	2016年	2017年
全社会 R&D 经费支出（亿元）	107.50	128.24
全社会 R&D 经费支出占地区 GDP 比重（%）	1.81	2.08
财政科技支出（亿元）	12.23	10.06
财政科技支出占公共财政支出比重（%）	1.64	1.25
科创板上市企业数量（家）	0	0
发明专利拥有量（件）	4568	5780
万人发明专利拥有量（件/万人）	4.24	5.31
全员劳动生产率（万元/人）	12.61	9.41
居民人均可支配收入（元/人）	30459	32929
R&D 人员（人年）	34362	34542
每万名就业人员中 R&D 人员（人年/万人）	73.10	52.59
普通高等学校在校学生数（人）	441812	460695
万人普通高等学校在校学生数（人/万人）	409.67	423.44
基础研究经费（亿元）	3.03	2.87
基础研究经费占 R&D 经费比重（%）	2.82	2.24
国家重点实验室数量（个）	3	3
中央级普通高等学校数量（个）	0	0
中央级科研院所数量（个）	1	1
国家工程技术研究中心数量（个）	1	1
规上工业企业 R&D 经费支出（亿元）	68.39	82.99
规上工业企业 R&D 经费支出占主营业务收入比重（%）	0.71	0.92
高新技术企业数（家）	621	807
高新技术企业主营业务收入（亿元）	1462.74	2135.08

石家庄市（2）

指标名称	2016 年	2017 年
高新技术企业主营业务收入占规上工业企业比重（%）	15.10	23.79
国家高新技术产业开发区营业收入（亿元）	1116.47	1754.82
国家高新技术产业开发区营业收入占地区 GDP 比重（%）	18.83	28.41
国家级科技企业孵化器数（个）	7	8
国家大学科技园数（个）	0	0
国家备案众创空间数（个）	23	28
国家级双创示范基地数（个）	0	0
国家级科技企业孵化器当年新增在孵企业数（家）	214	193
国家大学科技园当年新增在孵企业数（家）	0	0
技术合同成交额（亿元）	18.22	27.10
技术合同成交额占地区 GDP 比重（%）	0.31	0.44
国家国际科技合作基地数（个）	9	9
外国人才来华工作数（人次）	317	381
高技术产品出口额（百万美元）	748.80	961.94
高技术产品出口额占商品出口额比重（%）	5.16	6.26
实际使用外资金额（万美元）	122102	139458
实际使用外资金额占地区 GDP 比重（%）	1.37	1.52
空气质量优良率（%）	47.12	41.37
能源消费总量（万吨标准煤）	3780.00	3777.73
单位地区 GDP 能耗（吨标准煤/万元）	0.64	0.61
全社会用水总量（万立方米）	49410.45	27678.69
单位地区 GDP 水耗（立方米/万元）	8.34	4.48

唐山市（1）

指标名称	2016 年	2017 年
全社会 R&D 经费支出（亿元）	68.70	77.99
全社会 R&D 经费支出占地区 GDP 比重（%）	1.08	1.19
财政科技支出（亿元）	8.58	7.11
财政科技支出占公共财政支出比重（%）	1.34	1.07
科创板上市企业数量（家）	0	0
发明专利拥有量（件）	1868	2590
万人发明专利拥有量（件/万人）	2.38	3.28
全员劳动生产率（万元/人）	14.40	15.81
居民人均可支配收入（元/人）	33725	36415
R&D 人员（人年）	17646	16465
每万名就业人员中 R&D 人员（人年/万人）	40.00	39.85
普通高等学校在校学生数（人）	115879	123287
万人普通高等学校在校学生数（人/万人）	147.74	156.12
基础研究经费（亿元）	0.55	0.58
基础研究经费占 R&D 经费比重（%）	0.81	0.75
国家重点实验室数量（个）	0	0
中央级普通高等学校数量（个）	0	0
中央级科研院所数量（个）	0	0
国家工程技术研究中心数量（个）	0	0
规上工业企业 R&D 经费支出（亿元）	83.56	77.99
规上工业企业 R&D 经费支出占主营业务收入比重（%）	0.82	0.82
高新技术企业数（家）	198	303
高新技术企业主营业务收入（亿元）	533.53	1221.64

唐山市（2）

指标名称	2016 年	2017 年
高新技术企业主营业务收入占规上工业企业比重（%）	5.24	12.89
国家高新技术产业开发区营业收入（亿元）	85.82	116.68
国家高新技术产业开发区营业收入占地区 GDP 比重（%）	1.35	1.79
国家级科技企业孵化器数（个）	1	1
国家大学科技园数（个）	0	0
国家备案众创空间数（个）	9	11
国家级双创示范基地数（个）	0	0
国家级科技企业孵化器当年新增在孵企业数（家）	37	23
国家大学科技园当年新增在孵企业数（家）	0	0
技术合同成交额（亿元）	13.82	16.66
技术合同成交额占地区 GDP 比重（%）	0.22	0.26
国家国际科技合作基地数（个）	3	3
外国人才来华工作数（人次）	166	196
高技术产品出口额（百万美元）	107.96	132.25
高技术产品出口额占商品出口额比重（%）	1.11	1.83
实际使用外资金额（万美元）	148301	160669
实际使用外资金额占地区 GDP 比重（%）	1.55	1.66
空气质量优良率（%）	54.79	56.16
能源消费总量（万吨标准煤）	8163.54	8721.93
单位地区 GDP 能耗（吨标准煤/万元）	1.28	1.34
全社会用水总量（万立方米）	27781.00	26971.82
单位地区 GDP 水耗（立方米/万元）	4.37	4.13

秦皇岛市（1）

指标名称	2016 年	2017 年
全社会 R&D 经费支出（亿元）	15.40	17.77
全社会 R&D 经费支出占地区 GDP 比重（%）	1.14	1.18
财政科技支出（亿元）	2.92	3.04
财政科技支出占公共财政支出比重（%）	1.19	1.16
科创板上市企业数量（家）	0	0
发明专利拥有量（件）	1717	2227
万人发明专利拥有量（件/万人）	5.55	7.16
全员劳动生产率（万元/人）	8.43	8.81
居民人均可支配收入（元/人）	30348	32795
R&D 人员（人年）	5864	6116
每万名就业人员中 R&D 人员（人年/万人）	36.63	35.91
普通高等学校在校学生数（人）	154101	153914
万人普通高等学校在校学生数（人/万人）	497.97	494.77
基础研究经费（亿元）	0.80	1.02
基础研究经费占 R&D 经费比重（%）	5.20	5.75
国家重点实验室数量（个）	1	1
中央级普通高等学校数量（个）	0	0
中央级科研院所数量（个）	0	0
国家工程技术研究中心数量（个）	0	0
规上工业企业 R&D 经费支出（亿元）	13.74	16.61
规上工业企业 R&D 经费支出占主营业务收入比重（%）	0.93	1.02
高新技术企业数（家）	98	134
高新技术企业主营业务收入（亿元）	345.67	426.64

秦皇岛市（2）

指标名称	2016 年	2017 年
高新技术企业主营业务收入占规上工业企业比重（%）	23.45	26.19
国家高新技术产业开发区营业收入（亿元）	0.00	0.00
国家高新技术产业开发区营业收入占地区 GDP 比重（%）	0.00	0.00
国家级科技企业孵化器数（个）	3	3
国家大学科技园数（个）	1	1
国家备案众创空间数（个）	3	4
国家级双创示范基地数（个）	0	0
国家级科技企业孵化器当年新增在孵企业数（家）	103	84
国家大学科技园当年新增在孵企业数（家）	8	15
技术合同成交额（亿元）	0.66	1.38
技术合同成交额占地区 GDP 比重（%）	0.05	0.09
国家国际科技合作基地数（个）	1	1
外国人才来华工作数（人次）	181	216
高技术产品出口额（百万美元）	288.06	368.82
高技术产品出口额占商品出口额比重（%）	9.14	11.38
实际使用外资金额（万美元）	90438	102197
实际使用外资金额占地区 GDP 比重（%）	4.45	4.60
空气质量优良率（%）	76.71	73.42
能源消费总量（万吨标准煤）	1051.00	1072.44
单位地区 GDP 能耗（吨标准煤/万元）	0.78	0.71
全社会用水总量（万立方米）	13320.27	10559.92
单位地区 GDP 水耗（立方米/万元）	9.87	7.04

南京市（1）

指标名称	2016 年	2017 年
全社会 R&D 经费支出（亿元）	320.34	363.00
全社会 R&D 经费支出占地区 GDP 比重（%）	3.05	3.10
财政科技支出（亿元）	53.13	67.29
财政科技支出占公共财政支出比重（%）	4.53	4.97
科创板上市企业数量（家）	0	1
发明专利拥有量（件）	33458	41510
万人发明专利拥有量（件/万人）	40.46	49.80
全员劳动生产率（万元/人）	13.98	14.57
居民人均可支配收入（元/人）	49997	54538
R&D 人员（人年）	85202	88914
每万名就业人员中 R&D 人员（人年/万人）	113.44	110.59
普通高等学校在校学生数（人）	827773	721540
万人普通高等学校在校学生数（人/万人）	1000.93	865.67
基础研究经费（亿元）	32.85	39.34
基础研究经费占 R&D 经费比重（%）	10.25	10.84
国家重点实验室数量（个）	27	27
中央级普通高等学校数量（个）	8	8
中央级科研院所数量（个）	21	21
国家工程技术研究中心数量（个）	15	15
规上工业企业 R&D 经费支出（亿元）	142.93	153.20
规上工业企业 R&D 经费支出占主营业务收入比重（%）	1.15	1.40
高新技术企业数（家）	1671	1821
高新技术企业主营业务收入（亿元）	4418.33	4820.04

南京市（2）

指标名称	2016 年	2017 年
高新技术企业主营业务收入占规上工业企业比重（%）	35.51	44.07
国家高新技术产业开发区营业收入（亿元）	3796.59	5739.47
国家高新技术产业开发区营业收入占地区 GDP 比重（%）	36.15	48.99
国家级科技企业孵化器数（个）	24	26
国家大学科技园数（个）	5	5
国家备案众创空间数（个）	27	52
国家级双创示范基地数（个）	1	4
国家级科技企业孵化器当年新增在孵企业数（家）	619	505
国家大学科技园当年新增在孵企业数（家）	75	112
技术合同成交额（亿元）	215.73	284.75
技术合同成交额占地区 GDP 比重（%）	2.05	2.43
国家国际科技合作基地数（个）	11	13
外国人才来华工作数（人次）	1830	3002
高技术产品出口额（百万美元）	7517.43	10232.13
高技术产品出口额占商品出口额比重（%）	25.26	30.24
实际使用外资金额（万美元）	347937	367273
实际使用外资金额占地区 GDP 比重（%）	2.20	2.12
空气质量优良率（%）	66.30	72.33
能源消费总量（万吨标准煤）	3822.00	3784.38
单位地区 GDP 能耗（吨标准煤/万元）	0.36	0.32
全社会用水总量（万立方米）	132652.26	135182.94
单位地区 GDP 水耗（立方米/万元）	12.63	11.54

无锡市（1）

指标名称	2016 年	2017 年
全社会 R&D 经费支出（亿元）	244.97	297.00
全社会 R&D 经费支出占地区 GDP 比重（%）	2.66	2.83
财政科技支出（亿元）	37.24	42.21
财政科技支出占公共财政支出比重（%）	4.29	4.27
科创板上市企业数量（家）	0	0
发明专利拥有量（件）	20466	22898
万人发明专利拥有量（件/万人）	31.35	34.94
全员劳动生产率（万元/人）	18.60	20.51
居民人均可支配收入（元/人）	48628	52659
R&D 人员（人年）	64964	67700
每万名就业人员中 R&D 人员（人年/万人）	131.20	132.06
普通高等学校在校学生数（人）	113732	112689
万人普通高等学校在校学生数（人/万人）	174.20	171.97
基础研究经费（亿元）	1.31	2.12
基础研究经费占 R&D 经费比重（%）	0.54	0.72
国家重点实验室数量（个）	2	2
中央级普通高等学校数量（个）	1	1
中央级科研院所数量（个）	0	0
国家工程技术研究中心数量（个）	6	6
规上工业企业 R&D 经费支出（亿元）	242.53	268.01
规上工业企业 R&D 经费支出占主营业务收入比重（%）	1.72	1.72
高新技术企业数（家）	1605	1638
高新技术企业主营业务收入（亿元）	3930.04	4615.25

无锡市（2）

指标名称	2016 年	2017 年
高新技术企业主营业务收入占规上工业企业比重（%）	27.83	29.69
国家高新技术产业开发区营业收入（亿元）	4239.30	5462.49
国家高新技术产业开发区营业收入占地区 GDP 比重（%）	46.03	51.97
国家级科技企业孵化器数（个）	20	20
国家大学科技园数（个）	2	2
国家备案众创空间数（个）	7	15
国家级双创示范基地数（个）	0	0
国家级科技企业孵化器当年新增在孵企业数（家）	488	343
国家大学科技园当年新增在孵企业数（家）	38	79
技术合同成交额（亿元）	47.85	112.96
技术合同成交额占地区 GDP 比重（%）	0.52	1.07
国家国际科技合作基地数（个）	8	8
外国人才来华工作数（人次）	1722	3694
高技术产品出口额（百万美元）	14297.13	18545.54
高技术产品出口额占商品出口额比重（%）	33.13	36.99
实际使用外资金额（万美元）	341273	367545
实际使用外资金额占地区 GDP 比重（%）	2.46	2.36
空气质量优良率（%）	67.12	67.67
能源消费总量（万吨标准煤）	2474.00	3859.14
单位地区 GDP 能耗（吨标准煤/万元）	0.27	0.37
全社会用水总量（万立方米）	43837.00	42048.08
单位地区 GDP 水耗（立方米/万元）	4.76	4.00

徐州市（1）

指标名称	2016 年	2017 年
全社会 R&D 经费支出（亿元）	114.64	134.10
全社会 R&D 经费支出占地区 GDP 比重（%）	1.97	2.03
财政科技支出（亿元）	20.76	21.55
财政科技支出占公共财政支出比重（%）	2.60	2.61
科创板上市企业数量（家）	0	0
发明专利拥有量（件）	4348	6376
万人发明专利拥有量（件/万人）	4.99	7.28
全员劳动生产率（万元/人）	9.79	10.79
居民人均可支配收入（元/人）	28421	30987
R&D 人员（人年）	26910	28088
每万名就业人员中 R&D 人员（人年/万人）	45.37	45.86
普通高等学校在校学生数（人）	140825	129254
万人普通高等学校在校学生数（人/万人）	161.68	147.49
基础研究经费（亿元）	1.76	3.28
基础研究经费占 R&D 经费比重（%）	1.54	2.44
国家重点实验室数量（个）	3	3
中央级普通高等学校数量（个）	1	1
中央级科研院所数量（个）	1	1
国家工程技术研究中心数量（个）	1	1
规上工业企业 R&D 经费支出（亿元）	108.39	121.97
规上工业企业 R&D 经费支出占主营业务收入比重（%）	0.78	1.05
高新技术企业数（家）	338	392
高新技术企业主营业务收入（亿元）	1244.45	1245.37

徐州市（2）

指标名称	2016 年	2017 年
高新技术企业主营业务收入占规上工业企业比重（%）	8.92	10.67
国家高新技术产业开发区营业收入（亿元）	841.46	984.25
国家高新技术产业开发区营业收入占地区 GDP 比重（%）	14.49	14.90
国家级科技企业孵化器数（个）	9	11
国家大学科技园数（个）	1	1
国家备案众创空间数（个）	2	5
国家级双创示范基地数（个）	0	0
国家级科技企业孵化器当年新增在孵企业数（家）	254	261
国家大学科技园当年新增在孵企业数（家）	0	0
技术合同成交额（亿元）	27.84	33.15
技术合同成交额占地区 GDP 比重（%）	0.48	0.50
国家国际科技合作基地数（个）	1	1
外国人才来华工作数（人次）	179	336
高技术产品出口额（百万美元）	201.09	207.52
高技术产品出口额占商品出口额比重（%）	4.37	3.88
实际使用外资金额（万美元）	150574	165991
实际使用外资金额占地区 GDP 比重（%）	1.72	1.70
空气质量优良率（%）	65.21	48.22
能源消费总量（万吨标准煤）	2352.00	2277.40
单位地区 GDP 能耗（吨标准煤/万元）	0.40	0.34
全社会用水总量（万立方米）	26199.34	26708.41
单位地区 GDP 水耗（立方米/万元）	4.51	4.04

常州市（1）

指标名称	2016 年	2017 年
全社会 R&D 经费支出（亿元）	151.75	183.00
全社会 R&D 经费支出占地区 GDP 比重（%）	2.63	2.77
财政科技支出（亿元）	24.02	25.09
财政科技支出占公共财政支出比重（%）	4.73	4.55
科创板上市企业数量（家）	0	0
发明专利拥有量（件）	11240	13444
万人发明专利拥有量（件/万人）	23.87	28.50
全员劳动生产率（万元/人）	14.10	15.45
居民人均可支配收入（元/人）	46058	49955
R&D 人员（人年）	48964	53423
每万名就业人员中 R&D 人员（人年/万人）	119.55	124.69
普通高等学校在校学生数（人）	123815	102676
万人普通高等学校在校学生数（人/万人）	262.97	217.66
基础研究经费（亿元）	0.34	0.63
基础研究经费占 R&D 经费比重（%）	0.23	0.36
国家重点实验室数量（个）	1	1
中央级普通高等学校数量（个）	0	0
中央级科研院所数量（个）	0	0
国家工程技术研究中心数量（个）	1	1
规上工业企业 R&D 经费支出（亿元）	151.75	169.19
规上工业企业 R&D 经费支出占主营业务收入比重（%）	1.22	1.40
高新技术企业数（家）	1157	1150
高新技术企业主营业务收入（亿元）	2703.95	2897.03

常州市（2）

指标名称	2016 年	2017 年
高新技术企业主营业务收入占规上工业企业比重（%）	21.74	23.97
国家高新技术产业开发区营业收入（亿元）	2631.11	3691.07
国家高新技术产业开发区营业收入占地区 GDP 比重（%）	45.57	55.77
国家级科技企业孵化器数（个）	16	20
国家大学科技园数（个）	1	1
国家备案众创空间数（个）	4	9
国家级双创示范基地数（个）	1	1
国家级科技企业孵化器当年新增在孵企业数（家）	294	293
国家大学科技园当年新增在孵企业数（家）	0	0
技术合同成交额（亿元）	28.66	52.76
技术合同成交额占地区 GDP 比重（%）	0.50	0.80
国家国际科技合作基地数（个）	5	5
外国人才来华工作数（人次）	836	1531
高技术产品出口额（百万美元）	3716.56	3856.70
高技术产品出口额占商品出口额比重（%）	17.11	16.09
实际使用外资金额（万美元）	250020	221608
实际使用外资金额占地区 GDP 比重（%）	2.88	2.26
空气质量优良率（%）	67.40	68.22
能源消费总量（万吨标准煤）	1753.00	1827.98
单位地区 GDP 能耗（吨标准煤/万元）	0.30	0.28
全社会用水总量（万立方米）	30825.00	31590.84
单位地区 GDP 水耗（立方米/万元）	5.34	4.77

苏州市（1）

指标名称	2016 年	2017 年
全社会 R&D 经费支出（亿元）	425.57	393.43
全社会 R&D 经费支出占地区 GDP 比重（%）	2.75	2.27
财政科技支出（亿元）	95.20	124.03
财政科技支出占公共财政支出比重（%）	5.89	7.00
科创板上市企业数量（家）	0	3
发明专利拥有量（件）	40758	49174
万人发明专利拥有量（件/万人）	38.28	46.03
全员劳动生产率（万元/人）	17.17	17.99
居民人均可支配收入（元/人）	54341	58806
R&D 人员（人年）	118518	124326
每万名就业人员中 R&D 人员（人年/万人）	131.53	129.12
普通高等学校在校学生数（人）	219271	209735
万人普通高等学校在校学生数（人/万人）	205.94	196.31
基础研究经费（亿元）	7.41	7.45
基础研究经费占 R&D 经费比重（%）	1.74	1.89
国家重点实验室数量（个）	0	0
中央级普通高等学校数量（个）	0	0
中央级科研院所数量（个）	2	2
国家工程技术研究中心数量（个）	2	2
规上工业企业 R&D 经费支出（亿元）	361.50	393.43
规上工业企业 R&D 经费支出占主营业务收入比重（%）	1.19	1.23
高新技术企业数（家）	4065	4381
高新技术企业主营业务收入（亿元）	9817.93	10906.08

苏州市（2）

指标名称	2016 年	2017 年
高新技术企业主营业务收入占规上工业企业比重（%）	32.32	34.08
国家高新技术产业开发区营业收入（亿元）	4981.42	5868.08
国家高新技术产业开发区营业收入占地区 GDP 比重（%）	32.19	33.88
国家级科技企业孵化器数（个）	39	42
国家大学科技园数（个）	3	3
国家备案众创空间数（个）	32	51
国家级双创示范基地数（个）	0	1
国家级科技企业孵化器当年新增在孵企业数（家）	775	1030
国家大学科技园当年新增在孵企业数（家）	97	82
技术合同成交额（亿元）	143.04	155.96
技术合同成交额占地区 GDP 比重（%）	0.92	0.90
国家国际科技合作基地数（个）	9	10
外国人才来华工作数（人次）	7420	12395
高技术产品出口额（百万美元）	84148.86	98241.52
高技术产品出口额占商品出口额比重（%）	50.70	51.97
实际使用外资金额（万美元）	600300	450392
实际使用外资金额占地区 GDP 比重（%）	2.58	1.76
空气质量优良率（%）	69.04	71.51
能源消费总量（万吨标准煤）	5284.00	5307.12
单位地区 GDP 能耗（吨标准煤/万元）	0.34	0.31
全社会用水总量（万立方米）	78279.23	81715.93
单位地区 GDP 水耗（立方米/万元）	5.06	4.72

南通市（1）

指标名称	2016 年	2017 年
全社会 R&D 经费支出（亿元）	164.90	187.24
全社会 R&D 经费支出占地区 GDP 比重（%）	2.44	2.42
财政科技支出（亿元）	22.83	27.24
财政科技支出占公共财政支出比重（%）	3.05	3.36
科创板上市企业数量（家）	0	0
发明专利拥有量（件）	13365	17380
万人发明专利拥有量（件/万人）	18.30	23.79
全员劳动生产率（万元/人）	11.03	12.16
居民人均可支配收入（元/人）	39247	42756
R&D 人员（人年）	48159	42898
每万名就业人员中 R&D 人员（人年/万人）	78.45	67.44
普通高等学校在校学生数（人）	94840	90388
万人普通高等学校在校学生数（人/万人）	129.88	123.73
基础研究经费（亿元）	0.48	0.66
基础研究经费占 R&D 经费比重（%）	0.29	0.35
国家重点实验室数量（个）	0	0
中央级普通高等学校数量（个）	0	0
中央级科研院所数量（个）	0	0
国家工程技术研究中心数量（个）	1	1
规上工业企业 R&D 经费支出（亿元）	162.90	185.06
规上工业企业 R&D 经费支出占主营业务收入比重（%）	1.11	1.27
高新技术企业数（家）	964	1025
高新技术企业主营业务收入（亿元）	2487.89	2886.29

南通市（2）

指标名称	2016 年	2017 年
高新技术企业主营业务收入占规上工业企业比重（%）	16.98	19.87
国家高新技术产业开发区营业收入（亿元）	2059.14	2527.62
国家高新技术产业开发区营业收入占地区 GDP 比重（%）	30.42	32.68
国家级科技企业孵化器数（个）	11	13
国家大学科技园数（个）	1	1
国家备案众创空间数（个）	5	9
国家级双创示范基地数（个）	0	0
国家级科技企业孵化器当年新增在孵企业数（家）	202	230
国家大学科技园当年新增在孵企业数（家）	10	23
技术合同成交额（亿元）	47.25	37.95
技术合同成交额占地区 GDP 比重（%）	0.70	0.49
国家国际科技合作基地数（个）	2	2
外国人才来华工作数（人次）	733	1177
高技术产品出口额（百万美元）	3444.88	3471.28
高技术产品出口额占商品出口额比重（%）	13.44	12.54
实际使用外资金额（万美元）	238724	242266
实际使用外资金额占地区 GDP 比重（%）	2.34	2.11
空气质量优良率（%）	72.05	72.88
能源消费总量（万吨标准煤）	2428.00	2437.00
单位地区 GDP 能耗（吨标准煤/万元）	0.36	0.32
全社会用水总量（万立方米）	29277.24	29703.20
单位地区 GDP 水耗（立方米/万元）	4.33	3.84

连云港市（1）

指标名称	2016 年	2017 年
全社会 R&D 经费支出（亿元）	43.95	51.00
全社会 R&D 经费支出占地区 GDP 比重（%）	1.85	1.93
财政科技支出（亿元）	10.03	8.81
财政科技支出占公共财政支出比重（%）	2.69	2.25
科创板上市企业数量（家）	0	0
发明专利拥有量（件）	2007	2432
万人发明专利拥有量（件/万人）	4.46	5.38
全员劳动生产率（万元/人）	8.17	9.06
居民人均可支配收入（元/人）	27853	30293
R&D 人员（人年）	10958	9184
每万名就业人员中 R&D 人员（人年/万人）	37.69	31.53
普通高等学校在校学生数（人）	38647	39855
万人普通高等学校在校学生数（人/万人）	85.95	88.21
基础研究经费（亿元）	0.11	0.16
基础研究经费占 R&D 经费比重（%）	0.24	0.31
国家重点实验室数量（个）	1	1
中央级普通高等学校数量（个）	0	0
中央级科研院所数量（个）	0	0
国家工程技术研究中心数量（个）	1	1
规上工业企业 R&D 经费支出（亿元）	40.92	46.24
规上工业企业 R&D 经费支出占主营业务收入比重（%）	0.69	0.87
高新技术企业数（家）	226	244
高新技术企业主营业务收入（亿元）	730.07	937.25

连云港市（2）

指标名称	2016 年	2017 年
高新技术企业主营业务收入占规上工业企业比重（%）	12.28	17.56
国家高新技术产业开发区营业收入（亿元）	400.23	495.24
国家高新技术产业开发区营业收入占地区 GDP 比重（%）	16.84	18.76
国家级科技企业孵化器数（个）	2	2
国家大学科技园数（个）	0	0
国家备案众创空间数（个）	1	2
国家级双创示范基地数（个）	0	0
国家级科技企业孵化器当年新增在孵企业数（家）	71	46
国家大学科技园当年新增在孵企业数（家）	0	0
技术合同成交额（亿元）	20.86	11.47
技术合同成交额占地区 GDP 比重（%）	0.88	0.43
国家国际科技合作基地数（个）	2	2
外国人才来华工作数（人次）	94	165
高技术产品出口额（百万美元）	585.27	594.50
高技术产品出口额占商品出口额比重（%）	16.31	14.80
实际使用外资金额（万美元）	55044	70902
实际使用外资金额占地区 GDP 比重（%）	1.54	1.81
空气质量优良率（%）	76.71	79.18
能源消费总量（万吨标准煤）	920.00	937.16
单位地区 GDP 能耗（吨标准煤/万元）	0.39	0.35
全社会用水总量（万立方米）	12292.36	12925.94
单位地区 GDP 水耗（立方米/万元）	5.17	4.90

盐城市（1）

指标名称	2016 年	2017 年
全社会 R&D 经费支出（亿元）	85.76	100.64
全社会 R&D 经费支出占地区 GDP 比重（%）	1.87	1.98
财政科技支出（亿元）	32.36	25.03
财政科技支出占公共财政支出比重（%）	4.43	3.35
科创板上市企业数量（家）	0	0
发明专利拥有量（件）	2596	3977
万人发明专利拥有量（件/万人）	3.59	5.49
全员劳动生产率（万元/人）	9.12	9.99
居民人均可支配收入（元/人）	30496	33115
R&D 人员（人年）	28829	28343
每万名就业人员中 R&D 人员（人年/万人）	57.44	55.69
普通高等学校在校学生数（人）	69637	62357
万人普通高等学校在校学生数（人/万人）	96.25	86.10
基础研究经费（亿元）	0.54	0.49
基础研究经费占 R&D 经费比重（%）	0.62	0.48
国家重点实验室数量（个）	0	0
中央级普通高等学校数量（个）	0	0
中央级科研院所数量（个）	0	0
国家工程技术研究中心数量（个）	0	0
规上工业企业 R&D 经费支出（亿元）	85.76	98.56
规上工业企业 R&D 经费支出占主营业务收入比重（%）	0.97	1.22
高新技术企业数（家）	530	607
高新技术企业主营业务收入（亿元）	1307.80	1323.15

盐城市（2）

指标名称	2016 年	2017 年
高新技术企业主营业务收入占规上工业企业比重（%）	14.74	16.37
国家高新技术产业开发区营业收入（亿元）	579.93	675.39
国家高新技术产业开发区营业收入占地区 GDP 比重（%）	12.67	13.29
国家级科技企业孵化器数（个）	13	13
国家大学科技园数（个）	0	0
国家备案众创空间数（个）	7	7
国家级双创示范基地数（个）	0	0
国家级科技企业孵化器当年新增在孵企业数（家）	237	226
国家大学科技园当年新增在孵企业数（家）	0	0
技术合同成交额（亿元）	25.25	6.74
技术合同成交额占地区 GDP 比重（%）	0.55	0.13
国家国际科技合作基地数（个）	0	0
外国人才来华工作数（人次）	445	594
高技术产品出口额（百万美元）	997.01	1426.45
高技术产品出口额占商品出口额比重（%）	17.41	21.08
实际使用外资金额（万美元）	70669	78862
实际使用外资金额占地区 GDP 比重（%）	1.03	1.05
空气质量优良率（%）	77.81	80.00
能源消费总量（万吨标准煤）	970.00	890.64
单位地区 GDP 能耗（吨标准煤/万元）	0.21	0.18
全社会用水总量（万立方米）	10952.89	11300.41
单位地区 GDP 水耗（立方米/万元）	2.39	2.22

扬州市（1）

指标名称	2016 年	2017 年
全社会 R&D 经费支出（亿元）	95.00	123.00
全社会 R&D 经费支出占地区 GDP 比重（%）	2.14	2.43
财政科技支出（亿元）	12.28	14.98
财政科技支出占公共财政支出比重（%）	2.56	2.95
科创板上市企业数量（家）	0	0
发明专利拥有量（件）	3338	4425
万人发明专利拥有量（件/万人）	7.43	9.82
全员劳动生产率（万元/人）	10.63	11.86
居民人均可支配收入（元/人）	35659	38828
R&D 人员（人年）	24428	27871
每万名就业人员中 R&D 人员（人年/万人）	58.34	65.25
普通高等学校在校学生数（人）	80450	82755
万人普通高等学校在校学生数（人/万人）	179.12	183.57
基础研究经费（亿元）	0.96	1.31
基础研究经费占 R&D 经费比重（%）	1.02	1.07
国家重点实验室数量（个）	0	0
中央级普通高等学校数量（个）	0	0
中央级科研院所数量（个）	1	1
国家工程技术研究中心数量（个）	1	1
规上工业企业 R&D 经费支出（亿元）	94.69	108.76
规上工业企业 R&D 经费支出占主营业务收入比重（%）	1.00	1.21
高新技术企业数（家）	742	734
高新技术企业主营业务收入（亿元）	1365.51	1471.55

扬州市（2）

指标名称	2016 年	2017 年
高新技术企业主营业务收入占规上工业企业比重（%）	14.37	16.30
国家高新技术产业开发区营业收入（亿元）	459.31	508.52
国家高新技术产业开发区营业收入占地区 GDP 比重（%）	10.32	10.04
国家级科技企业孵化器数（个）	6	7
国家大学科技园数（个）	0	0
国家备案众创空间数（个）	6	12
国家级双创示范基地数（个）	0	0
国家级科技企业孵化器当年新增在孵企业数（家）	144	205
国家大学科技园当年新增在孵企业数（家）	0	0
技术合同成交额（亿元）	8.91	28.41
技术合同成交额占地区 GDP 比重（%）	0.20	0.56
国家国际科技合作基地数（个）	0	0
外国人才来华工作数（人次）	10	256
高技术产品出口额（百万美元）	1026.75	1218.05
高技术产品出口额占商品出口额比重（%）	11.19	12.12
实际使用外资金额（万美元）	120392	120813
实际使用外资金额占地区 GDP 比重（%）	1.80	1.61
空气质量优良率（%）	71.78	62.47
能源消费总量（万吨标准煤）	1444.00	1505.66
单位地区 GDP 能耗（吨标准煤/万元）	0.32	0.30
全社会用水总量（万立方米）	19375.89	18998.85
单位地区 GDP 水耗（立方米/万元）	4.35	3.75

镇江市（1）

指标名称	2016 年	2017 年
全社会 R&D 经费支出（亿元）	100.61	90.46
全社会 R&D 经费支出占地区 GDP 比重（%）	2.62	2.26
财政科技支出（亿元）	13.48	12.65
财政科技支出占公共财政支出比重（%）	3.71	3.27
科创板上市企业数量（家）	0	0
发明专利拥有量（件）	8913	10563
万人发明专利拥有量（件/万人）	28.02	33.15
全员劳动生产率（万元/人）	15.86	16.05
居民人均可支配收入（元/人）	41794	45386
R&D 人员（人年）	31645	24295
每万名就业人员中 R&D 人员（人年/万人）	130.95	97.23
普通高等学校在校学生数（人）	87481	80370
万人普通高等学校在校学生数（人/万人）	274.99	252.24
基础研究经费（亿元）	1.79	3.10
基础研究经费占 R&D 经费比重（%）	1.78	3.43
国家重点实验室数量（个）	0	0
中央级普通高等学校数量（个）	0	0
中央级科研院所数量（个）	1	1
国家工程技术研究中心数量（个）	1	1
规上工业企业 R&D 经费支出（亿元）	90.19	90.46
规上工业企业 R&D 经费支出占主营业务收入比重（%）	1.04	1.34
高新技术企业数（家）	604	617
高新技术企业主营业务收入（亿元）	1548.62	1669.27

镇江市（2）

指标名称	2016 年	2017 年
高新技术企业主营业务收入占规上工业企业比重（%）	17.94	24.64
国家高新技术产业开发区营业收入（亿元）	545.15	755.44
国家高新技术产业开发区营业收入占地区 GDP 比重（%）	14.22	18.84
国家级科技企业孵化器数（个）	8	10
国家大学科技园数（个）	1	1
国家备案众创空间数（个）	2	4
国家级双创示范基地数（个）	0	0
国家级科技企业孵化器当年新增在孵企业数（家）	119	169
国家大学科技园当年新增在孵企业数（家）	4	17
技术合同成交额（亿元）	64.50	14.49
技术合同成交额占地区 GDP 比重（%）	1.68	0.36
国家国际科技合作基地数（个）	2	3
外国人才来华工作数（人次）	119	417
高技术产品出口额（百万美元）	932.13	747.97
高技术产品出口额占商品出口额比重（%）	12.92	9.75
实际使用外资金额（万美元）	135068	135267
实际使用外资金额占地区 GDP 比重（%）	2.34	2.28
空气质量优良率（%）	73.42	63.56
能源消费总量（万吨标准煤）	1423.00	1433.15
单位地区 GDP 能耗（吨标准煤/万元）	0.37	0.36
全社会用水总量（万立方米）	17710.00	16411.47
单位地区 GDP 水耗（立方米/万元）	4.62	4.09

泰州市（1）

指标名称	2016 年	2017 年
全社会 R&D 经费支出（亿元）	96.71	111.98
全社会 R&D 经费支出占地区 GDP 比重（%）	2.36	2.36
财政科技支出（亿元）	11.65	13.29
财政科技支出占公共财政支出比重（%）	2.60	2.80
科创板上市企业数量（家）	0	0
发明专利拥有量（件）	3911	4822
万人发明专利拥有量（件/万人）	8.42	10.37
全员劳动生产率（万元/人）	9.34	10.55
居民人均可支配收入（元/人）	36828	40059
R&D 人员（人年）	18461	19599
每万名就业人员中 R&D 人员（人年/万人）	42.03	43.59
普通高等学校在校学生数（人）	59201	61748
万人普通高等学校在校学生数（人/万人）	127.43	132.74
基础研究经费（亿元）	0.03	0.06
基础研究经费占 R&D 经费比重（%）	0.03	0.05
国家重点实验室数量（个）	1	1
中央级普通高等学校数量（个）	0	0
中央级科研院所数量（个）	0	0
国家工程技术研究中心数量（个）	0	0
规上工业企业 R&D 经费支出（亿元）	99.62	111.98
规上工业企业 R&D 经费支出占主营业务收入比重（%）	0.82	0.94
高新技术企业数（家）	553	580
高新技术企业主营业务收入（亿元）	1403.06	1467.92

泰州市（2）

指标名称	2016 年	2017 年
高新技术企业主营业务收入占规上工业企业比重（%）	11.56	12.29
国家高新技术产业开发区营业收入（亿元）	937.44	1114.07
国家高新技术产业开发区营业收入占地区 GDP 比重（%）	22.85	23.48
国家级科技企业孵化器数（个）	7	8
国家大学科技园数（个）	0	0
国家备案众创空间数（个）	0	2
国家级双创示范基地数（个）	0	0
国家级科技企业孵化器当年新增在孵企业数（家）	194	171
国家大学科技园当年新增在孵企业数（家）	0	0
技术合同成交额（亿元）	4.86	22.04
技术合同成交额占地区 GDP 比重（%）	0.12	0.46
国家国际科技合作基地数（个）	2	2
外国人才来华工作数（人次）	155	295
高技术产品出口额（百万美元）	321.68	537.27
高技术产品出口额占商品出口额比重（%）	3.68	5.36
实际使用外资金额（万美元）	134448	170242
实际使用外资金额占地区 GDP 比重（%）	2.18	2.42
空气质量优良率（%）	73.97	74.25
能源消费总量（万吨标准煤）	970.80	896.30
单位地区 GDP 能耗（吨标准煤/万元）	0.24	0.19
全社会用水总量（万立方米）	10237.73	9987.31
单位地区 GDP 水耗（立方米/万元）	2.50	2.11

杭州市（1）

指标名称	2016 年	2017 年
全社会 R&D 经费支出（亿元）	346.36	396.82
全社会 R&D 经费支出占地区 GDP 比重（%）	3.06	3.15
财政科技支出（亿元）	74.92	92.32
财政科技支出占公共财政支出比重（%）	5.33	5.99
科创板上市企业数量（家）	0	2
发明专利拥有量（件）	36579	43903
万人发明专利拥有量（件/万人）	39.81	46.37
全员劳动生产率（万元/人）	14.99	16.27
居民人均可支配收入（元/人）	52185	56276
R&D 人员（人年）	98782	96424
每万名就业人员中 R&D 人员（人年/万人）	130.91	124.50
普通高等学校在校学生数（人）	427978	425769
万人普通高等学校在校学生数（人/万人）	465.80	449.69
基础研究经费（亿元）	21.06	22.43
基础研究经费占 R&D 经费比重（%）	6.08	5.65
国家重点实验室数量（个）	12	12
中央级普通高等学校数量（个）	1	1
中央级科研院所数量（个）	6	6
国家工程技术研究中心数量（个）	10	10
规上工业企业 R&D 经费支出（亿元）	215.03	241.93
规上工业企业 R&D 经费支出占主营业务收入比重（%）	1.74	1.83
高新技术企业数（家）	2358	2820
高新技术企业主营业务收入（亿元）	6179.43	8197.02

杭州市（2）

指标名称	2016 年	2017 年
高新技术企业主营业务收入占规上工业企业比重（%）	49.96	62.05
国家高新技术产业开发区营业收入（亿元）	3766.90	6745.83
国家高新技术产业开发区营业收入占地区 GDP 比重（%）	33.29	53.52
国家级科技企业孵化器数（个）	30	32
国家大学科技园数（个）	4	4
国家备案众创空间数（个）	36	55
国家级双创示范基地数（个）	2	4
国家级科技企业孵化器当年新增在孵企业数（家）	878	844
国家大学科技园当年新增在孵企业数（家）	99	93
技术合同成交额（亿元）	87.99	121.63
技术合同成交额占地区 GDP 比重（%）	0.78	0.97
国家国际科技合作基地数（个）	17	22
外国人才来华工作数（人次）	3071	4377
高技术产品出口额（百万美元）	5710.63	6437.13
高技术产品出口额占商品出口额比重（%）	12.05	12.81
实际使用外资金额（万美元）	720915	661001
实际使用外资金额占地区 GDP 比重（%）	4.23	3.54
空气质量优良率（%）	71.23	74.25
能源消费总量（万吨标准煤）	1799.00	1841.70
单位地区 GDP 能耗（吨标准煤/万元）	0.16	0.15
全社会用水总量（万立方米）	65087.28	83192.32
单位地区 GDP 水耗（立方米/万元）	5.75	6.60

宁波市（1）

指标名称	2016 年	2017 年
全社会 R&D 经费支出（亿元）	206.81	241.91
全社会 R&D 经费支出占地区 GDP 比重（%）	2.38	2.46
财政科技支出（亿元）	56.62	58.79
财政科技支出占公共财政支出比重（%）	4.39	4.17
科创板上市企业数量（家）	0	1
发明专利拥有量（件）	18227	20727
万人发明专利拥有量（件/万人）	23.15	25.89
全员劳动生产率（万元/人）	11.81	11.17
居民人均可支配收入（元/人）	51560	55656
R&D 人员（人年）	79051	85222
每万名就业人员中 R&D 人员（人年/万人）	107.48	96.75
普通高等学校在校学生数（人）	155144	156110
万人普通高等学校在校学生数（人/万人）	197.01	195.02
基础研究经费（亿元）	2.37	2.61
基础研究经费占 R&D 经费比重（%）	1.15	1.08
国家重点实验室数量（个）	0	0
中央级普通高等学校数量（个）	1	1
中央级科研院所数量（个）	1	1
国家工程技术研究中心数量（个）	0	0
规上工业企业 R&D 经费支出（亿元）	184.87	216.65
规上工业企业 R&D 经费支出占主营业务收入比重（%）	1.36	1.38
高新技术企业数（家）	1346	1473
高新技术企业主营业务收入（亿元）	3896.20	4640.99

宁波市（2）

指标名称	2016 年	2017 年
高新技术企业主营业务收入占规上工业企业比重（%）	28.57	29.67
国家高新技术产业开发区营业收入（亿元）	1849.22	3638.01
国家高新技术产业开发区营业收入占地区 GDP 比重（%）	21.29	36.96
国家级科技企业孵化器数（个）	9	10
国家大学科技园数（个）	1	1
国家备案众创空间数（个）	19	23
国家级双创示范基地数（个）	0	2
国家级科技企业孵化器当年新增在孵企业数（家）	317	339
国家大学科技园当年新增在孵企业数（家）	35	37
技术合同成交额（亿元）	19.24	24.63
技术合同成交额占地区 GDP 比重（%）	0.22	0.25
国家国际科技合作基地数（个）	9	10
外国人才来华工作数（人次）	2641	3121
高技术产品出口额（百万美元）	3934.36	4423.73
高技术产品出口额占商品出口额比重（%）	6.47	6.75
实际使用外资金额（万美元）	451333	402995
实际使用外资金额占地区 GDP 比重（%）	3.45	2.76
空气质量优良率（%）	84.93	85.21
能源消费总量（万吨标准煤）	4128.00	4312.00
单位地区 GDP 能耗（吨标准煤/万元）	0.48	0.44
全社会用水总量（万立方米）	59589.22	61210.74
单位地区 GDP 水耗（立方米/万元）	6.86	6.22

嘉兴市（1）

指标名称	2016 年	2017 年
全社会 R&D 经费支出（亿元）	104.44	120.53
全社会 R&D 经费支出占地区 GDP 比重（%）	2.70	2.75
财政科技支出（亿元）	17.94	20.25
财政科技支出占公共财政支出比重（%）	4.06	4.09
科创板上市企业数量（家）	0	0
发明专利拥有量（件）	4853	6298
万人发明专利拥有量（件/万人）	10.52	13.53
全员劳动生产率（万元/人）	9.15	9.88
居民人均可支配收入（元/人）	48926	53057
R&D 人员（人年）	31807	34597
每万名就业人员中 R&D 人员（人年/万人）	75.40	78.00
普通高等学校在校学生数（人）	65441	69153
万人普通高等学校在校学生数（人/万人）	141.83	148.52
基础研究经费（亿元）	0.13	0.12
基础研究经费占 R&D 经费比重（%）	0.13	0.10
国家重点实验室数量（个）	1	1
中央级普通高等学校数量（个）	0	0
中央级科研院所数量（个）	0	0
国家工程技术研究中心数量（个）	0	0
规上工业企业 R&D 经费支出（亿元）	108.07	120.55
规上工业企业 R&D 经费支出占主营业务收入比重（%）	1.42	1.42
高新技术企业数（家）	663	880
高新技术企业主营业务收入（亿元）	2152.62	2925.09

嘉兴市（2）

指标名称	2016 年	2017 年
高新技术企业主营业务收入占规上工业企业比重（%）	28.36	34.34
国家高新技术产业开发区营业收入（亿元）	484.49	634.05
国家高新技术产业开发区营业收入占地区 GDP 比重（%）	12.54	14.47
国家级科技企业孵化器数（个）	8	9
国家大学科技园数（个）	0	0
国家备案众创空间数（个）	7	10
国家级双创示范基地数（个）	0	1
国家级科技企业孵化器当年新增在孵企业数（家）	220	263
国家大学科技园当年新增在孵企业数（家）	0	0
技术合同成交额（亿元）	8.94	12.90
技术合同成交额占地区 GDP 比重（%）	0.23	0.29
国家国际科技合作基地数（个）	1	1
外国人才来华工作数（人次）	708	1611
高技术产品出口额（百万美元）	1716.06	2125.07
高技术产品出口额占商品出口额比重（%）	6.37	7.05
实际使用外资金额（万美元）	269240	299452
实际使用外资金额占地区 GDP 比重（%）	4.63	4.62
空气质量优良率（%）	74.25	72.88
能源消费总量（万吨标准煤）	1968.00	2060.09
单位地区 GDP 能耗（吨标准煤/万元）	0.51	0.47
全社会用水总量（万立方米）	9082.23	12284.16
单位地区 GDP 水耗（立方米/万元）	2.35	2.80

湖州市（1）

指标名称	2016 年	2017 年
全社会 R&D 经费支出（亿元）	57.45	65.57
全社会 R&D 经费支出占地区 GDP 比重（%）	2.51	2.65
财政科技支出（亿元）	9.32	11.30
财政科技支出占公共财政支出比重（%）	3.23	3.48
科创板上市企业数量（家）	0	0
发明专利拥有量（件）	6135	7388
万人发明专利拥有量（件/万人）	20.62	24.67
全员劳动生产率（万元/人）	8.84	8.92
居民人均可支配收入（元/人）	45794	49934
R&D 人员（人年）	17033	18965
每万名就业人员中 R&D 人员（人年/万人）	65.90	68.31
普通高等学校在校学生数（人）	26668	26383
万人普通高等学校在校学生数（人/万人）	89.64	88.09
基础研究经费（亿元）	0.17	0.16
基础研究经费占 R&D 经费比重（%）	0.29	0.24
国家重点实验室数量（个）	0	0
中央级普通高等学校数量（个）	0	0
中央级科研院所数量（个）	0	0
国家工程技术研究中心数量（个）	0	0
规上工业企业 R&D 经费支出（亿元）	59.21	63.23
规上工业企业 R&D 经费支出占主营业务收入比重（%）	1.36	1.51
高新技术企业数（家）	530	628
高新技术企业主营业务收入（亿元）	1107.76	1454.22

湖州市（2）

指标名称	2016 年	2017 年
高新技术企业主营业务收入占规上工业企业比重（%）	25.36	34.83
国家高新技术产业开发区营业收入（亿元）	347.05	475.31
国家高新技术产业开发区营业收入占地区 GDP 比重（%）	15.19	19.20
国家级科技企业孵化器数（个）	5	7
国家大学科技园数（个）	0	0
国家备案众创空间数（个）	5	7
国家级双创示范基地数（个）	0	0
国家级科技企业孵化器当年新增在孵企业数（家）	121	164
国家大学科技园当年新增在孵企业数（家）	0	0
技术合同成交额（亿元）	15.12	37.62
技术合同成交额占地区 GDP 比重（%）	0.66	1.52
国家国际科技合作基地数（个）	1	1
外国人才来华工作数（人次）	268	391
高技术产品出口额（百万美元）	357.67	368.27
高技术产品出口额占商品出口额比重（%）	3.44	3.24
实际使用外资金额（万美元）	100131	105320
实际使用外资金额占地区 GDP 比重（%）	2.91	2.87
空气质量优良率（%）	66.58	68.49
能源消费总量（万吨标准煤）	—	758.68
单位地区 GDP 能耗（吨标准煤/万元）	—	0.31
全社会用水总量（万立方米）	9595.85	9730.41
单位地区 GDP 水耗（立方米/万元）	4.20	3.93

绍兴市（1）

指标名称	2016 年	2017 年
全社会 R&D 经费支出（亿元）	110.81	119.47
全社会 R&D 经费支出占地区 GDP 比重（%）	2.31	2.35
财政科技支出（亿元）	22.87	26.07
财政科技支出占公共财政支出比重（%）	5.01	5.55
科创板上市企业数量（家）	0	0
发明专利拥有量（件）	5659	7015
万人发明专利拥有量（件/万人）	11.35	14.00
全员劳动生产率（万元/人）	9.80	10.35
居民人均可支配收入（元/人）	50305	54445
R&D 人员（人年）	35720	39187
每万名就业人员中 R&D 人员（人年/万人）	73.07	79.89
普通高等学校在校学生数（人）	90277	97345
万人普通高等学校在校学生数（人/万人）	180.99	194.30
基础研究经费（亿元）	0.33	0.26
基础研究经费占 R&D 经费比重（%）	0.30	0.22
国家重点实验室数量（个）	0	0
中央级普通高等学校数量（个）	0	0
中央级科研院所数量（个）	0	0
国家工程技术研究中心数量（个）	1	1
规上工业企业 R&D 经费支出（亿元）	111.95	119.47
规上工业企业 R&D 经费支出占主营业务收入比重（%）	1.20	1.59
高新技术企业数（家）	511	668
高新技术企业主营业务收入（亿元）	1254.39	1707.83

绍兴市（2）

指标名称	2016 年	2017 年
高新技术企业主营业务收入占规上工业企业比重（%）	13.43	22.71
国家高新技术产业开发区营业收入（亿元）	479.35	579.94
国家高新技术产业开发区营业收入占地区 GDP 比重（%）	10.01	11.42
国家级科技企业孵化器数（个）	3	3
国家大学科技园数（个）	0	0
国家备案众创空间数（个）	1	1
国家级双创示范基地数（个）	0	0
国家级科技企业孵化器当年新增在孵企业数（家）	38	34
国家大学科技园当年新增在孵企业数（家）	0	0
技术合同成交额（亿元）	4.69	8.30
技术合同成交额占地区 GDP 比重（%）	0.10	0.16
国家国际科技合作基地数（个）	1	1
外国人才来华工作数（人次）	2	1
高技术产品出口额（百万美元）	797.33	778.96
高技术产品出口额占商品出口额比重（%）	2.85	2.62
实际使用外资金额（万美元）	80031	128666
实际使用外资金额占地区 GDP 比重（%）	1.11	1.71
空气质量优良率（%）	80.00	75.34
能源消费总量（万吨标准煤）	1130.00	1154.40
单位地区 GDP 能耗（吨标准煤/万元）	0.24	0.23
全社会用水总量（万立方米）	39493.41	41973.03
单位地区 GDP 水耗（立方米/万元）	8.25	8.27

金华市（1）

指标名称	2016 年	2017 年
全社会 R&D 经费支出（亿元）	71.50	60.37
全社会 R&D 经费支出占地区 GDP 比重（%）	1.94	1.57
财政科技支出（亿元）	18.22	18.65
财政科技支出占公共财政支出比重（%）	3.36	3.47
科创板上市企业数量（家）	0	0
发明专利拥有量（件）	3767	4568
万人发明专利拥有量（件/万人）	6.82	8.21
全员劳动生产率（万元/人）	5.68	5.79
居民人均可支配收入（元/人）	46554	50653
R&D 人员（人年）	27016	26816
每万名就业人员中 R&D 人员（人年/万人）	41.66	40.36
普通高等学校在校学生数（人）	34566	75378
万人普通高等学校在校学生数（人/万人）	62.62	135.47
基础研究经费（亿元）	0.65	0.97
基础研究经费占 R&D 经费比重（%）	0.92	1.61
国家重点实验室数量（个）	0	0
中央级普通高等学校数量（个）	0	0
中央级科研院所数量（个）	0	0
国家工程技术研究中心数量（个）	0	0
规上工业企业 R&D 经费支出（亿元）	71.29	60.35
规上工业企业 R&D 经费支出占主营业务收入比重（%）	1.63	1.68
高新技术企业数（家）	411	526
高新技术企业主营业务收入（亿元）	817.03	1081.73

金华市（2）

指标名称	2016 年	2017 年
高新技术企业主营业务收入占规上工业企业比重（%）	18.69	30.14
国家高新技术产业开发区营业收入（亿元）	0.00	0.00
国家高新技术产业开发区营业收入占地区 GDP 比重（%）	0.00	0.00
国家级科技企业孵化器数（个）	1	2
国家大学科技园数（个）	0	0
国家备案众创空间数（个）	1	1
国家级双创示范基地数（个）	0	0
国家级科技企业孵化器当年新增在孵企业数（家）	55	40
国家大学科技园当年新增在孵企业数（家）	0	0
技术合同成交额（亿元）	12.56	9.57
技术合同成交额占地区 GDP 比重（%）	0.34	0.25
国家国际科技合作基地数（个）	0	0
外国人才来华工作数（人次）	211	422
高技术产品出口额（百万美元）	1123.86	1100.99
高技术产品出口额占商品出口额比重（%）	2.16	2.04
实际使用外资金额（万美元）	34329	43044
实际使用外资金额占地区 GDP 比重（%）	0.62	0.76
空气质量优良率（%）	85.21	87.95
能源消费总量（万吨标准煤）	1599.00	1630.94
单位地区 GDP 能耗（吨标准煤/万元）	0.43	0.42
全社会用水总量（万立方米）	8897.11	9316.00
单位地区 GDP 水耗（立方米/万元）	2.41	2.42

福州市（1）

指标名称	2016 年	2017 年
全社会 R&D 经费支出（亿元）	122.46	155.00
全社会 R&D 经费支出占地区 GDP 比重（%）	1.98	2.19
财政科技支出（亿元）	11.25	19.68
财政科技支出占公共财政支出比重（%）	1.36	2.10
科创板上市企业数量（家）	0	1
发明专利拥有量（件）	8679	10823
万人发明专利拥有量（件/万人）	11.46	14.13
全员劳动生产率（万元/人）	11.56	12.61
居民人均可支配收入（元/人）	37833	40973
R&D 人员（人年）	38194	42347
每万名就业人员中 R&D 人员（人年/万人）	71.23	75.38
普通高等学校在校学生数（人）	317477	313857
万人普通高等学校在校学生数（人/万人）	419.39	409.73
基础研究经费（亿元）	8.37	11.28
基础研究经费占 R&D 经费比重（%）	6.84	7.28
国家重点实验室数量（个）	1	1
中央级普通高等学校数量（个）	0	0
中央级科研院所数量（个）	1	1
国家工程技术研究中心数量（个）	4	4
规上工业企业 R&D 经费支出（亿元）	86.17	101.96
规上工业企业 R&D 经费支出占主营业务收入比重（%）	1.07	1.24
高新技术企业数（家）	575	734
高新技术企业主营业务收入（亿元）	1074.08	1124.67

福州市（2）

指标名称	2016 年	2017 年
高新技术企业主营业务收入占规上工业企业比重（%）	13.36	13.63
国家高新技术产业开发区营业收入（亿元）	785.41	889.52
国家高新技术产业开发区营业收入占地区 GDP 比重（%）	12.67	12.55
国家级科技企业孵化器数（个）	4	4
国家大学科技园数（个）	1	1
国家备案众创空间数（个）	4	7
国家级双创示范基地数（个）	1	1
国家级科技企业孵化器当年新增在孵企业数（家）	62	77
国家大学科技园当年新增在孵企业数（家）	24	42
技术合同成交额（亿元）	10.46	21.65
技术合同成交额占地区 GDP 比重（%）	0.17	0.31
国家国际科技合作基地数（个）	10	10
外国人才来华工作数（人次）	622	953
高技术产品出口额（百万美元）	1917.25	3561.28
高技术产品出口额占商品出口额比重（%）	12.14	21.15
实际使用外资金额（万美元）	181372	198527
实际使用外资金额占地区 GDP 比重（%）	1.94	1.89
空气质量优良率（%）	98.90	95.62
能源消费总量（万吨标准煤）	2673.84	3173.84
单位地区 GDP 能耗（吨标准煤/万元）	0.43	0.45
全社会用水总量（万立方米）	40550.77	47347.65
单位地区 GDP 水耗（立方米/万元）	6.54	6.68

厦门市（1）

指标名称	2016 年	2017 年
全社会 R&D 经费支出（亿元）	117.66	142.39
全社会 R&D 经费支出占地区 GDP 比重（%）	3.11	3.27
财政科技支出（亿元）	21.27	23.74
财政科技支出占公共财政支出比重（%）	2.80	2.98
科创板上市企业数量（家）	0	0
发明专利拥有量（件）	7291	9411
万人发明专利拥有量（件/万人）	18.60	23.47
全员劳动生产率（万元/人）	9.67	10.30
居民人均可支配收入（元/人）	46254	50019
R&D 人员（人年）	37925	39747
每万名就业人员中 R&D 人员（人年/万人）	96.95	94.04
普通高等学校在校学生数（人）	142948	140266
万人普通高等学校在校学生数（人/万人）	364.66	349.79
基础研究经费（亿元）	2.23	10.96
基础研究经费占 R&D 经费比重（%）	1.89	7.70
国家重点实验室数量（个）	4	4
中央级普通高等学校数量（个）	1	1
中央级科研院所数量（个）	2	2
国家工程技术研究中心数量（个）	2	2
规上工业企业 R&D 经费支出（亿元）	96.30	113.23
规上工业企业 R&D 经费支出占主营业务收入比重（%）	1.98	2.03
高新技术企业数（家）	1206	1405
高新技术企业主营业务收入（亿元）	1778.48	2224.18

厦门市（2）

指标名称	2016 年	2017 年
高新技术企业主营业务收入占规上工业企业比重（%）	36.53	39.80
国家高新技术产业开发区营业收入（亿元）	2098.75	2844.65
国家高新技术产业开发区营业收入占地区 GDP 比重（%）	55.46	65.37
国家级科技企业孵化器数（个）	4	5
国家大学科技园数（个）	1	1
国家备案众创空间数（个）	14	33
国家级双创示范基地数（个）	0	1
国家级科技企业孵化器当年新增在孵企业数（家）	222	265
国家大学科技园当年新增在孵企业数（家）	13	12
技术合同成交额（亿元）	30.80	44.85
技术合同成交额占地区 GDP 比重（%）	0.81	1.03
国家国际科技合作基地数（个）	6	6
外国人才来华工作数（人次）	1464	2244
高技术产品出口额（百万美元）	8832.63	9829.07
高技术产品出口额占商品出口额比重（%）	29.78	30.93
实际使用外资金额（万美元）	222401	237830
实际使用外资金额占地区 GDP 比重（%）	3.90	3.69
空气质量优良率（%）	98.63	99.18
能源消费总量（万吨标准煤）	1604.28	1699.93
单位地区 GDP 能耗（吨标准煤/万元）	0.42	0.39
全社会用水总量（万立方米）	43282.00	45815.84
单位地区 GDP 水耗（立方米/万元）	11.44	10.53

泉州市（1）

指标名称	2016 年	2017 年
全社会 R&D 经费支出（亿元）	71.99	81.42
全社会 R&D 经费支出占地区 GDP 比重（%）	1.08	1.08
财政科技支出（亿元）	13.24	14.91
财政科技支出占公共财政支出比重（%）	2.22	2.34
科创板上市企业数量（家）	0	0
发明专利拥有量（件）	3897	5842
万人发明专利拥有量（件/万人）	4.54	6.75
全员劳动生产率（万元/人）	10.87	12.24
居民人均可支配收入（元/人）	39656	42696
R&D 人员（人年）	21569	21561
每万名就业人员中 R&D 人员（人年/万人）	35.27	34.96
普通高等学校在校学生数（人）	125999	126125
万人普通高等学校在校学生数（人/万人）	146.85	145.81
基础研究经费（亿元）	0.26	0.35
基础研究经费占 R&D 经费比重（%）	0.36	0.43
国家重点实验室数量（个）	0	0
中央级普通高等学校数量（个）	1	1
中央级科研院所数量（个）	0	0
国家工程技术研究中心数量（个）	1	1
规上工业企业 R&D 经费支出（亿元）	67.14	75.61
规上工业企业 R&D 经费支出占主营业务收入比重（%）	0.58	0.57
高新技术企业数（家）	298	381
高新技术企业主营业务收入（亿元）	561.18	649.67

泉州市（2）

指标名称	2016 年	2017 年
高新技术企业主营业务收入占规上工业企业比重（%）	4.81	4.88
国家高新技术产业开发区营业收入（亿元）	626.53	733.10
国家高新技术产业开发区营业收入占地区 GDP 比重（%）	9.43	9.71
国家级科技企业孵化器数（个）	2	2
国家大学科技园数（个）	0	0
国家备案众创空间数（个）	6	7
国家级双创示范基地数（个）	0	1
国家级科技企业孵化器当年新增在孵企业数（家）	36	43
国家大学科技园当年新增在孵企业数（家）	0	0
技术合同成交额（亿元）	0.61	0.84
技术合同成交额占地区 GDP 比重（%）	0.01	0.01
国家国际科技合作基地数（个）	0	0
外国人才来华工作数（人次）	365	595
高技术产品出口额（百万美元）	263.46	278.27
高技术产品出口额占商品出口额比重（%）	1.13	1.18
实际使用外资金额（万美元）	162780	159194
实际使用外资金额占地区 GDP 比重（%）	1.63	1.42
空气质量优良率（%）	98.63	94.52
能源消费总量（万吨标准煤）	3726.33	3884.60
单位地区 GDP 能耗（吨标准煤/万元）	0.56	0.51
全社会用水总量（万立方米）	13585.53	14585.44
单位地区 GDP 水耗（立方米/万元）	2.04	1.93

龙岩市（1）

指标名称	2016 年	2017 年
全社会 R&D 经费支出（亿元）	30.09	32.41
全社会 R&D 经费支出占地区 GDP 比重（%）	1.59	1.51
财政科技支出（亿元）	5.58	8.44
财政科技支出占公共财政支出比重（%）	2.03	2.82
科创板上市企业数量（家）	0	0
发明专利拥有量（件）	811	985
万人发明专利拥有量（件/万人）	3.08	3.73
全员劳动生产率（万元/人）	9.31	10.60
居民人均可支配收入（元/人）	30408	33022
R&D 人员（人年）	6686	6260
每万名就业人员中 R&D 人员（人年/万人）	32.83	30.83
普通高等学校在校学生数（人）	18044	17313
万人普通高等学校在校学生数（人/万人）	68.61	65.58
基础研究经费（亿元）	0.04	0.03
基础研究经费占 R&D 经费比重（%）	0.15	0.11
国家重点实验室数量（个）	1	1
中央级普通高等学校数量（个）	0	0
中央级科研院所数量（个）	0	0
国家工程技术研究中心数量（个）	0	0
规上工业企业 R&D 经费支出（亿元）	29.50	31.43
规上工业企业 R&D 经费支出占主营业务收入比重（%）	1.47	1.36
高新技术企业数（家）	83	104
高新技术企业主营业务收入（亿元）	292.85	336.70

龙岩市（2）

指标名称	2016 年	2017 年
高新技术企业主营业务收入占规上工业企业比重（%）	14.56	14.60
国家高新技术产业开发区营业收入（亿元）	327.19	329.04
国家高新技术产业开发区营业收入占地区 GDP 比重（%）	17.26	15.28
国家级科技企业孵化器数（个）	1	1
国家大学科技园数（个）	0	0
国家备案众创空间数（个）	0	0
国家级双创示范基地数（个）	0	0
国家级科技企业孵化器当年新增在孵企业数（家）	10	10
国家大学科技园当年新增在孵企业数（家）	0	0
技术合同成交额（亿元）	0.04	6.37
技术合同成交额占地区 GDP 比重（%）	0.00	0.30
国家国际科技合作基地数（个）	1	1
外国人才来华工作数（人次）	17	28
高技术产品出口额（百万美元）	84.66	15.22
高技术产品出口额占商品出口额比重（%）	2.84	1.01
实际使用外资金额（万美元）	27768	29553
实际使用外资金额占地区 GDP 比重（%）	0.97	0.93
空气质量优良率（%）	98.63	100.00
能源消费总量（万吨标准煤）	1200.12	1282.79
单位地区 GDP 能耗（吨标准煤/万元）	0.63	0.60
全社会用水总量（万立方米）	8701.37	7308.68
单位地区 GDP 水耗（立方米/万元）	4.59	3.39

济南市（1）

指标名称	2016 年	2017 年
全社会 R&D 经费支出（亿元）	156.74	185.15
全社会 R&D 经费支出占地区 GDP 比重（%）	2.40	2.59
财政科技支出（亿元）	11.86	12.90
财政科技支出占公共财政支出比重（%）	1.60	1.55
科创板上市企业数量（家）	0	0
发明专利拥有量（件）	14628	18245
万人发明专利拥有量（件/万人）	20.22	24.92
全员劳动生产率（万元/人）	12.06	13.21
居民人均可支配收入（元/人）	43052	46642
R&D 人员（人年）	48152	48797
每万名就业人员中 R&D 人员（人年/万人）	88.81	90.11
普通高等学校在校学生数（人）	726301	544448
万人普通高等学校在校学生数（人/万人）	1004.14	743.66
基础研究经费（亿元）	12.85	12.91
基础研究经费占 R&D 经费比重（%）	8.20	6.97
国家重点实验室数量（个）	4	4
中央级普通高等学校数量（个）	1	1
中央级科研院所数量（个）	0	0
国家工程技术研究中心数量（个）	6	6
规上工业企业 R&D 经费支出（亿元）	102.43	116.56
规上工业企业 R&D 经费支出占主营业务收入比重（%）	1.79	1.38
高新技术企业数（家）	720	1051
高新技术企业主营业务收入（亿元）	2551.75	3281.14

济南市（2）

指标名称	2016 年	2017 年
高新技术企业主营业务收入占规上工业企业比重（%）	44.66	38.90
国家高新技术产业开发区营业收入（亿元）	2979.54	4037.70
国家高新技术产业开发区营业收入占地区 GDP 比重（%）	45.59	56.46
国家级科技企业孵化器数（个）	8	10
国家大学科技园数（个）	1	1
国家备案众创空间数（个）	28	35
国家级双创示范基地数（个）	0	2
国家级科技企业孵化器当年新增在孵企业数（家）	213	317
国家大学科技园当年新增在孵企业数（家）	26	23
技术合同成交额（亿元）	44.79	84.70
技术合同成交额占地区 GDP 比重（%）	0.69	1.18
国家国际科技合作基地数（个）	7	7
外国人才来华工作数（人次）	295	558
高技术产品出口额（百万美元）	787.11	1019.61
高技术产品出口额占商品出口额比重（%）	10.09	11.03
实际使用外资金额（万美元）	171624	187624
实际使用外资金额占地区 GDP 比重（%）	1.74	1.77
空气质量优良率（%）	44.38	49.59
能源消费总量（万吨标准煤）	4364.15	3836.72
单位地区 GDP 能耗（吨标准煤/万元）	0.67	0.54
全社会用水总量（万立方米）	42326.58	46170.78
单位地区 GDP 水耗（立方米/万元）	6.48	6.46

青岛市（1）

指标名称	2016 年	2017 年
全社会 R&D 经费支出（亿元）	286.37	307.09
全社会 R&D 经费支出占地区 GDP 比重（%）	2.86	2.79
财政科技支出（亿元）	24.14	38.59
财政科技支出占公共财政支出比重（%）	1.78	2.75
科创板上市企业数量（家）	0	0
发明专利拥有量（件）	18290	21803
万人发明专利拥有量（件/万人）	19.87	23.47
全员劳动生产率（万元/人）	13.76	12.74
居民人均可支配收入（元/人）	43598	47176
R&D 人员（人年）	49569	46477
每万名就业人员中 R&D 人员（人年/万人）	68.11	53.72
普通高等学校在校学生数（人）	340875	346238
万人普通高等学校在校学生数（人/万人）	370.36	372.68
基础研究经费（亿元）	13.46	14.44
基础研究经费占 R&D 经费比重（%）	4.70	4.70
国家重点实验室数量（个）	8	8
中央级普通高等学校数量（个）	2	2
中央级科研院所数量（个）	4	4
国家工程技术研究中心数量（个）	10	10
规上工业企业 R&D 经费支出（亿元）	234.94	243.98
规上工业企业 R&D 经费支出占主营业务收入比重（%）	1.49	2.00
高新技术企业数（家）	1319	2027
高新技术企业主营业务收入（亿元）	3300.47	3882.18

青岛市（2）

指标名称	2016 年	2017 年
高新技术企业主营业务收入占规上工业企业比重（%）	20.93	31.76
国家高新技术产业开发区营业收入（亿元）	2106.77	2690.85
国家高新技术产业开发区营业收入占地区 GDP 比重（%）	21.04	24.41
国家级科技企业孵化器数（个）	17	19
国家大学科技园数（个）	3	3
国家备案众创空间数（个）	66	76
国家级双创示范基地数（个）	1	2
国家级科技企业孵化器当年新增在孵企业数（家）	384	286
国家大学科技园当年新增在孵企业数（家）	49	45
技术合同成交额（亿元）	95.61	114.76
技术合同成交额占地区 GDP 比重（%）	0.95	1.04
国家国际科技合作基地数（个）	18	19
外国人才来华工作数（人次）	2810	5483
高技术产品出口额（百万美元）	3145.44	3462.91
高技术产品出口额占商品出口额比重（%）	8.25	8.42
实际使用外资金额（万美元）	700273	773500
实际使用外资金额占地区 GDP 比重（%）	4.65	4.74
空气质量优良率（%）	80.27	77.53
能源消费总量（万吨标准煤）	3149.00	5488.17
单位地区 GDP 能耗（吨标准煤/万元）	0.31	0.50
全社会用水总量（万立方米）	47393.92	47272.64
单位地区 GDP 水耗（立方米/万元）	4.73	4.29

东营市（1）

指标名称	2016 年	2017 年
全社会 R&D 经费支出（亿元）	91.72	100.84
全社会 R&D 经费支出占地区 GDP 比重（%）	2.64	2.64
财政科技支出（亿元）	2.96	6.43
财政科技支出占公共财政支出比重（%）	1.11	2.32
科创板上市企业数量（家）	0	0
发明专利拥有量（件）	1300	1571
万人发明专利拥有量（件/万人）	6.10	7.29
全员劳动生产率（万元/人）	25.82	32.08
居民人均可支配收入（元/人）	41580	44763
R&D 人员（人年）	9565	10785
每万名就业人员中 R&D 人员（人年/万人）	70.96	90.70
普通高等学校在校学生数（人）	32624	32782
万人普通高等学校在校学生数（人/万人）	153.01	152.15
基础研究经费（亿元）	1.03	0.95
基础研究经费占 R&D 经费比重（%）	1.13	0.95
国家重点实验室数量（个）	0	0
中央级普通高等学校数量（个）	0	0
中央级科研院所数量（个）	0	0
国家工程技术研究中心数量（个）	1	1
规上工业企业 R&D 经费支出（亿元）	87.28	95.10
规上工业企业 R&D 经费支出占主营业务收入比重（%）	0.66	0.76
高新技术企业数（家）	109	147
高新技术企业主营业务收入（亿元）	557.26	777.95

东营市（2）

指标名称	2016 年	2017 年
高新技术企业主营业务收入占规上工业企业比重（%）	4.21	6.20
国家高新技术产业开发区营业收入（亿元）	238.80	373.74
国家高新技术产业开发区营业收入占地区 GDP 比重（%）	6.86	9.80
国家级科技企业孵化器数（个）	4	5
国家大学科技园数（个）	1	1
国家备案众创空间数（个）	2	2
国家级双创示范基地数（个）	0	0
国家级科技企业孵化器当年新增在孵企业数（家）	107	76
国家大学科技园当年新增在孵企业数（家）	0	30
技术合同成交额（亿元）	12.49	20.36
技术合同成交额占地区 GDP 比重（%）	0.36	0.53
国家国际科技合作基地数（个）	2	2
外国人才来华工作数（人次）	0	150
高技术产品出口额（百万美元）	309.89	352.13
高技术产品出口额占商品出口额比重（%）	6.45	6.73
实际使用外资金额（万美元）	22304	23223
实际使用外资金额占地区 GDP 比重（%）	0.43	0.41
空气质量优良率（%）	52.60	55.34
能源消费总量（万吨标准煤）	1623.00	2333.33
单位地区 GDP 能耗（吨标准煤/万元）	0.47	0.61
全社会用水总量（万立方米）	13254.33	14991.47
单位地区 GDP 水耗（立方米/万元）	3.81	3.93

烟台市（1）

指标名称	2016 年	2017 年
全社会 R&D 经费支出（亿元）	178.86	189.60
全社会 R&D 经费支出占地区 GDP 比重（%）	2.58	2.58
财政科技支出（亿元）	23.31	24.33
财政科技支出占公共财政支出比重（%）	3.43	3.44
科创板上市企业数量（家）	0	1
发明专利拥有量（件）	4749	5553
万人发明专利拥有量（件/万人）	6.72	7.83
全员劳动生产率（万元/人）	15.32	16.56
居民人均可支配收入（元/人）	38744	41837
R&D 人员（人年）	29142	31605
每万名就业人员中 R&D 人员（人年/万人）	64.48	71.26
普通高等学校在校学生数（人）	195488	182645
万人普通高等学校在校学生数（人/万人）	276.74	257.63
基础研究经费（亿元）	1.52	1.39
基础研究经费占 R&D 经费比重（%）	0.85	0.73
国家重点实验室数量（个）	1	1
中央级普通高等学校数量（个）	0	0
中央级科研院所数量（个）	1	1
国家工程技术研究中心数量（个）	5	5
规上工业企业 R&D 经费支出（亿元）	173.60	183.48
规上工业企业 R&D 经费支出占主营业务收入比重（%）	1.08	1.32
高新技术企业数（家）	366	450
高新技术企业主营业务收入（亿元）	1248.82	1503.82

烟台市（2）

指标名称	2016 年	2017 年
高新技术企业主营业务收入占规上工业企业比重（%）	7.73	10.84
国家高新技术产业开发区营业收入（亿元）	589.89	685.08
国家高新技术产业开发区营业收入占地区 GDP 比重（%）	8.52	9.33
国家级科技企业孵化器数（个）	8	9
国家大学科技园数（个）	0	0
国家备案众创空间数（个）	8	10
国家级双创示范基地数（个）	0	0
国家级科技企业孵化器当年新增在孵企业数（家）	386	290
国家大学科技园当年新增在孵企业数（家）	0	0
技术合同成交额（亿元）	46.49	57.89
技术合同成交额占地区 GDP 比重（%）	0.67	0.79
国家国际科技合作基地数（个）	2	3
外国人才来华工作数（人次）	1030	1600
高技术产品出口额（百万美元）	6687.76	5465.78
高技术产品出口额占商品出口额比重（%）	25.50	20.18
实际使用外资金额（万美元）	206173	214651
实际使用外资金额占地区 GDP 比重（%）	1.98	1.97
空气质量优良率（%）	86.85	80.55
能源消费总量（万吨标准煤）	1750.00	3638.21
单位地区 GDP 能耗（吨标准煤/万元）	0.25	0.50
全社会用水总量（万立方米）	18184.03	19136.57
单位地区 GDP 水耗（立方米/万元）	2.63	2.61

潍坊市（1）

指标名称	2016 年	2017 年
全社会 R&D 经费支出（亿元）	144.13	153.25
全社会 R&D 经费支出占地区 GDP 比重（%）	2.79	2.62
财政科技支出（亿元）	16.61	19.70
财政科技支出占公共财政支出比重（%）	2.61	2.90
科创板上市企业数量（家）	0	0
发明专利拥有量（件）	4300	5131
万人发明专利拥有量（件/万人）	4.60	5.48
全员劳动生产率（万元/人）	4.97	5.43
居民人均可支配收入（元/人）	33609	36286
R&D 人员（人年）	25444	22241
每万名就业人员中 R&D 人员（人年/万人）	24.46	20.63
普通高等学校在校学生数（人）	171283	179905
万人普通高等学校在校学生数（人/万人）	183.05	192.14
基础研究经费（亿元）	0.74	0.55
基础研究经费占 R&D 经费比重（%）	0.51	0.36
国家重点实验室数量（个）	1	1
中央级普通高等学校数量（个）	0	0
中央级科研院所数量（个）	0	0
国家工程技术研究中心数量（个）	2	2
规上工业企业 R&D 经费支出（亿元）	140.39	148.48
规上工业企业 R&D 经费支出占主营业务收入比重（%）	1.04	1.28
高新技术企业数（家）	461	538
高新技术企业主营业务收入（亿元）	1669.50	2355.55

潍坊市（2）

指标名称	2016 年	2017 年
高新技术企业主营业务收入占规上工业企业比重（%）	12.37	20.28
国家高新技术产业开发区营业收入（亿元）	1657.65	3504.43
国家高新技术产业开发区营业收入占地区 GDP 比重（%）	32.06	59.85
国家级科技企业孵化器数（个）	6	7
国家大学科技园数（个）	0	0
国家备案众创空间数（个）	5	9
国家级双创示范基地数（个）	0	0
国家级科技企业孵化器当年新增在孵企业数（家）	103	108
国家大学科技园当年新增在孵企业数（家）	0	0
技术合同成交额（亿元）	46.51	48.70
技术合同成交额占地区 GDP 比重（%）	0.90	0.83
国家国际科技合作基地数（个）	2	2
外国人才来华工作数（人次）	0	366
高技术产品出口额（百万美元）	921.88	889.31
高技术产品出口额占商品出口额比重（%）	6.42	5.51
实际使用外资金额（万美元）	106431	115439
实际使用外资金额占地区 GDP 比重（%）	1.37	1.33
空气质量优良率（%）	56.16	57.53
能源消费总量（万吨标准煤）	2439.00	4313.39
单位地区 GDP 能耗（吨标准煤/万元）	0.47	0.74
全社会用水总量（万立方米）	11184.22	15945.71
单位地区 GDP 水耗（立方米/万元）	2.16	2.72

济宁市（1）

指标名称	2016 年	2017 年
全社会 R&D 经费支出（亿元）	81.33	99.04
全社会 R&D 经费支出占地区 GDP 比重（%）	1.89	2.14
财政科技支出（亿元）	7.67	7.21
财政科技支出占公共财政支出比重（%）	1.38	1.27
科创板上市企业数量（家）	0	0
发明专利拥有量（件）	1724	2110
万人发明专利拥有量（件/万人）	2.06	2.52
全员劳动生产率（万元/人）	8.21	9.51
居民人均可支配收入（元/人）	29987	32420
R&D 人员（人年）	16632	19020
每万名就业人员中 R&D 人员（人年/万人）	31.73	39.01
普通高等学校在校学生数（人）	110651	112468
万人普通高等学校在校学生数（人/万人）	132.45	134.28
基础研究经费（亿元）	1.30	1.27
基础研究经费占 R&D 经费比重（%）	1.60	1.29
国家重点实验室数量（个）	1	1
中央级普通高等学校数量（个）	0	0
中央级科研院所数量（个）	0	0
国家工程技术研究中心数量（个）	1	1
规上工业企业 R&D 经费支出（亿元）	75.22	93.35
规上工业企业 R&D 经费支出占主营业务收入比重（%）	1.39	1.47
高新技术企业数（家）	279	311
高新技术企业主营业务收入（亿元）	515.10	610.99

济宁市（2）

指标名称	2016 年	2017 年
高新技术企业主营业务收入占规上工业企业比重（%）	9.52	9.59
国家高新技术产业开发区营业收入（亿元）	2106.01	2466.76
国家高新技术产业开发区营业收入占地区 GDP 比重（%）	48.96	53.20
国家级科技企业孵化器数（个）	6	6
国家大学科技园数（个）	0	0
国家备案众创空间数（个）	14	15
国家级双创示范基地数（个）	0	0
国家级科技企业孵化器当年新增在孵企业数（家）	112	136
国家大学科技园当年新增在孵企业数（家）	0	0
技术合同成交额（亿元）	14.66	20.60
技术合同成交额占地区 GDP 比重（%）	0.34	0.44
国家国际科技合作基地数（个）	1	1
外国人才来华工作数（人次）	117	301
高技术产品出口额（百万美元）	60.71	67.31
高技术产品出口额占商品出口额比重（%）	1.34	1.42
实际使用外资金额（万美元）	50657	59423
实际使用外资金额占地区 GDP 比重（%）	0.78	0.87
空气质量优良率（%）	57.26	59.45
能源消费总量（万吨标准煤）	2147.00	2939.51
单位地区 GDP 能耗（吨标准煤/万元）	0.50	0.63
全社会用水总量（万立方米）	15414.15	17720.57
单位地区 GDP 水耗（立方米/万元）	3.58	3.82

广州市（1）

指标名称	2016 年	2017 年
全社会 R&D 经费支出（亿元）	457.46	532.41
全社会 R&D 经费支出占地区 GDP 比重（%）	2.34	2.48
财政科技支出（亿元）	112.95	171.26
财政科技支出占公共财政支出比重（%）	5.81	7.83
科创板上市企业数量（家）	0	1
发明专利拥有量（件）	30305	39476
万人发明专利拥有量（件/万人）	21.58	27.23
全员劳动生产率（万元/人）	18.57	19.80
居民人均可支配收入（元/人）	50941	55400
R&D 人员（人年）	111688	116779
每万名就业人员中 R&D 人员（人年/万人）	106.09	107.54
普通高等学校在校学生数（人）	1057281	1067335
万人普通高等学校在校学生数（人/万人）	752.86	736.17
基础研究经费（亿元）	51.23	64.48
基础研究经费占 R&D 经费比重（%）	11.20	12.11
国家重点实验室数量（个）	17	17
中央级普通高等学校数量（个）	5	5
中央级科研院所数量（个）	8	8
国家工程技术研究中心数量（个）	9	9
规上工业企业 R&D 经费支出（亿元）	231.77	254.86
规上工业企业 R&D 经费支出占主营业务收入比重（%）	1.27	1.44
高新技术企业数（家）	4703	8678
高新技术企业主营业务收入（亿元）	7860.81	10102.15

广州市（2）

指标名称	2016 年	2017 年
高新技术企业主营业务收入占规上工业企业比重（%）	43.06	57.23
国家高新技术产业开发区营业收入（亿元）	4598.93	7131.84
国家高新技术产业开发区营业收入占地区 GDP 比重（%）	23.53	33.17
国家级科技企业孵化器数（个）	20	25
国家大学科技园数（个）	2	1
国家备案众创空间数（个）	45	51
国家级双创示范基地数（个）	1	2
国家级科技企业孵化器当年新增在孵企业数（家）	524	512
国家大学科技园当年新增在孵企业数（家）	39	35
技术合同成交额（亿元）	267.60	353.89
技术合同成交额占地区 GDP 比重（%）	1.37	1.65
国家国际科技合作基地数（个）	18	22
外国人才来华工作数（人次）	7667	12071
高技术产品出口额（百万美元）	16729.95	16389.08
高技术产品出口额占商品出口额比重（%）	13.84	14.86
实际使用外资金额（万美元）	570120	628947
实际使用外资金额占地区 GDP 比重（%）	1.94	1.97
空气质量优良率（%）	84.93	80.55
能源消费总量（万吨标准煤）	5853.00	5960.96
单位地区 GDP 能耗（吨标准煤/万元）	0.30	0.28
全社会用水总量（万立方米）	228850.42	238567.93
单位地区 GDP 水耗（立方米/万元）	11.71	11.09

深圳市（1）

指标名称	2016 年	2017 年
全社会 R&D 经费支出（亿元）	842.97	976.94
全社会 R&D 经费支出占地区 GDP 比重（%）	4.32	4.34
财政科技支出（亿元）	403.52	351.83
财政科技支出占公共财政支出比重（%）	9.58	7.66
科创板上市企业数量（家）	0	1
发明专利拥有量（件）	95370	106856
万人发明专利拥有量（件/万人）	80.09	85.29
全员劳动生产率（万元/人）	21.04	23.80
居民人均可支配收入（元/人）	48695	52938
R&D 人员（人年）	156681	169092
每万名就业人员中 R&D 人员（人年/万人）	169.13	178.97
普通高等学校在校学生数（人）	91883	80613
万人普通高等学校在校学生数（人/万人）	77.16	64.34
基础研究经费（亿元）	9.59	26.09
基础研究经费占 R&D 经费比重（%）	1.14	2.67
国家重点实验室数量（个）	6	6
中央级普通高等学校数量（个）	0	0
中央级科研院所数量（个）	3	3
国家工程技术研究中心数量（个）	5	5
规上工业企业 R&D 经费支出（亿元）	760.03	841.10
规上工业企业 R&D 经费支出占主营业务收入比重（%）	2.84	2.73
高新技术企业数（家）	7737	10973
高新技术企业主营业务收入（亿元）	18890.91	22840.12

深圳市（2）

指标名称	2016 年	2017 年
高新技术企业主营业务收入占规上工业企业比重（%）	70.58	74.10
国家高新技术产业开发区营业收入（亿元）	4327.80	7271.17
国家高新技术产业开发区营业收入占地区 GDP 比重（%）	22.20	32.33
国家级科技企业孵化器数（个）	17	22
国家大学科技园数（个）	1	1
国家备案众创空间数（个）	69	86
国家级双创示范基地数（个）	1	4
国家级科技企业孵化器当年新增在孵企业数（家）	468	592
国家大学科技园当年新增在孵企业数（家）	39	37
技术合同成交额（亿元）	468.73	554.44
技术合同成交额占地区 GDP 比重（%）	2.40	2.47
国家国际科技合作基地数（个）	6	7
外国人才来华工作数（人次）	10641	16692
高技术产品出口额（百万美元）	122206.26	114572.68
高技术产品出口额占商品出口额比重（%）	49.56	43.38
实际使用外资金额（万美元）	673227	740126
实际使用外资金额占地区 GDP 比重（%）	2.29	2.22
空气质量优良率（%）	96.99	93.97
能源消费总量（万吨标准煤）	824.00	858.52
单位地区 GDP 能耗（吨标准煤/万元）	0.04	0.04
全社会用水总量（万立方米）	170142.35	174888.00
单位地区 GDP 水耗（立方米/万元）	8.73	7.78

佛山市（1）

指标名称	2016 年	2017 年
全社会 R&D 经费支出（亿元）	200.39	216.02
全社会 R&D 经费支出占地区 GDP 比重（%）	2.32	2.30
财政科技支出（亿元）	34.96	46.26
财政科技支出占公共财政支出比重（%）	5.02	5.97
科创板上市企业数量（家）	0	0
发明专利拥有量（件）	10014	15028
万人发明专利拥有量（件/万人）	13.42	19.63
全员劳动生产率（万元/人）	21.62	19.66
居民人均可支配收入（元/人）	43120	46849
R&D 人员（人年）	56085	61545
每万名就业人员中 R&D 人员（人年/万人）	140.53	128.75
普通高等学校在校学生数（人）	49994	121681
万人普通高等学校在校学生数（人/万人）	66.99	158.92
基础研究经费（亿元）	0.50	0.81
基础研究经费占 R&D 经费比重（%）	0.25	0.38
国家重点实验室数量（个）	0	0
中央级普通高等学校数量（个）	0	0
中央级科研院所数量（个）	0	0
国家工程技术研究中心数量（个）	0	0
规上工业企业 R&D 经费支出（亿元）	194.88	216.02
规上工业企业 R&D 经费支出占主营业务收入比重（%）	0.96	1.06
高新技术企业数（家）	1380	2531
高新技术企业主营业务收入（亿元）	3698.17	5286.18

佛山市（2）

指标名称	2016 年	2017 年
高新技术企业主营业务收入占规上工业企业比重（%）	18.31	26.04
国家高新技术产业开发区营业收入（亿元）	3511.98	4198.36
国家高新技术产业开发区营业收入占地区 GDP 比重（%）	40.70	44.67
国家级科技企业孵化器数（个）	14	18
国家大学科技园数（个）	0	0
国家备案众创空间数（个）	16	20
国家级双创示范基地数（个）	0	0
国家级科技企业孵化器当年新增在孵企业数（家）	379	403
国家大学科技园当年新增在孵企业数（家）	0	0
技术合同成交额（亿元）	1.93	2.19
技术合同成交额占地区 GDP 比重（%）	0.02	0.02
国家国际科技合作基地数（个）	0	0
外国人才来华工作数（人次）	616	1190
高技术产品出口额（百万美元）	3295.00	3431.58
高技术产品出口额占商品出口额比重（%）	7.87	8.18
实际使用外资金额（万美元）	147167	162349
实际使用外资金额占地区 GDP 比重（%）	1.13	1.17
空气质量优良率（%）	84.93	80.00
能源消费总量（万吨标准煤）	—	0.00
单位地区 GDP 能耗（吨标准煤/万元）	—	0.00
全社会用水总量（万立方米）	137693.00	48946.00
单位地区 GDP 水耗（立方米/万元）	15.96	5.21

东莞市（1）

指标名称	2016 年	2017 年
全社会 R&D 经费支出（亿元）	164.83	188.14
全社会 R&D 经费支出占地区 GDP 比重（%）	2.41	2.48
财政科技支出（亿元）	27.94	33.96
财政科技支出占公共财政支出比重（%）	4.66	5.09
科创板上市企业数量（家）	0	0
发明专利拥有量（件）	11154	17087
万人发明专利拥有量（件/万人）	13.50	20.48
全员劳动生产率（万元/人）	11.02	10.32
居民人均可支配收入（元/人）	43096	46739
R&D 人员（人年）	48767	54077
每万名就业人员中 R&D 人员（人年/万人）	78.69	73.59
普通高等学校在校学生数（人）	112603	118416
万人普通高等学校在校学生数（人/万人）	136.30	141.94
基础研究经费（亿元）	0.88	0.88
基础研究经费占 R&D 经费比重（%）	0.54	0.47
国家重点实验室数量（个）	1	1
中央级普通高等学校数量（个）	0	0
中央级科研院所数量（个）	0	0
国家工程技术研究中心数量（个）	1	1
规上工业企业 R&D 经费支出（亿元）	143.40	161.42
规上工业企业 R&D 经费支出占主营业务收入比重（%）	0.96	0.88
高新技术企业数（家）	2006	4026
高新技术企业主营业务收入（亿元）	4324.14	6590.77

东莞市（2）

指标名称	2016 年	2017 年
高新技术企业主营业务收入占规上工业企业比重（%）	29.04	36.13
国家高新技术产业开发区营业收入（亿元）	2392.52	3279.98
国家高新技术产业开发区营业收入占地区 GDP 比重（%）	35.04	43.26
国家级科技企业孵化器数（个）	11	15
国家大学科技园数（个）	0	0
国家备案众创空间数（个）	13	18
国家级双创示范基地数（个）	0	0
国家级科技企业孵化器当年新增在孵企业数（家）	260	285
国家大学科技园当年新增在孵企业数（家）	0	0
技术合同成交额（亿元）	1.70	8.31
技术合同成交额占地区 GDP 比重（%）	0.02	0.11
国家国际科技合作基地数（个）	5	5
外国人才来华工作数（人次）	1771	3606
高技术产品出口额（百万美元）	39928.68	43586.15
高技术产品出口额占商品出口额比重（%）	38.17	39.68
实际使用外资金额（万美元）	392617	171893
实际使用外资金额占地区 GDP 比重（%）	3.82	1.53
空气质量优良率（%）	87.40	82.47
能源消费总量（万吨标准煤）	1389.00	1428.72
单位地区 GDP 能耗（吨标准煤/万元）	0.20	0.19
全社会用水总量（万立方米）	156401.08	148524.22
单位地区 GDP 水耗（立方米/万元）	22.91	19.59

海口市（1）

指标名称	2016 年	2017 年
全社会 R&D 经费支出（亿元）	11.24	12.26
全社会 R&D 经费支出占地区 GDP 比重（%）	0.89	0.88
财政科技支出（亿元）	2.82	1.05
财政科技支出占公共财政支出比重（%）	1.41	0.53
科创板上市企业数量（家）	0	0
发明专利拥有量（件）	1913	1799
万人发明专利拥有量（件/万人）	8.53	7.92
全员劳动生产率（万元/人）	7.62	7.94
居民人均可支配收入（元/人）	30775	33320
R&D 人员（人年）	6240	5328
每万名就业人员中 R&D 人员（人年/万人）	37.80	30.42
普通高等学校在校学生数（人）	132514	127323
万人普通高等学校在校学生数（人/万人）	590.63	560.38
基础研究经费（亿元）	2.11	2.21
基础研究经费占 R&D 经费比重（%）	18.81	18.00
国家重点实验室数量（个）	0	0
中央级普通高等学校数量（个）	0	0
中央级科研院所数量（个）	4	4
国家工程技术研究中心数量（个）	2	2
规上工业企业 R&D 经费支出（亿元）	6.61	6.18
规上工业企业 R&D 经费支出占主营业务收入比重（%）	1.34	1.24
高新技术企业数（家）	148	205
高新技术企业主营业务收入（亿元）	307.09	373.69

海口市（2）

指标名称	2016 年	2017 年
高新技术企业主营业务收入占规上工业企业比重（%）	62.22	74.71
国家高新技术产业开发区营业收入（亿元）	333.80	451.58
国家高新技术产业开发区营业收入占地区 GDP 比重（%）	26.54	32.47
国家级科技企业孵化器数（个）	1	0
国家大学科技园数（个）	2	2
国家备案众创空间数（个）	1	5
国家级双创示范基地数（个）	0	1
国家级科技企业孵化器当年新增在孵企业数（家）	0	0
国家大学科技园当年新增在孵企业数（家）	41	41
技术合同成交额（亿元）	3.11	3.53
技术合同成交额占地区 GDP 比重（%）	0.25	0.25
国家国际科技合作基地数（个）	4	5
外国人才来华工作数（人次）	255	250
高技术产品出口额（百万美元）	200.67	56.67
高技术产品出口额占商品出口额比重（%）	34.66	9.92
实际使用外资金额（万美元）	3576	2884
实际使用外资金额占地区 GDP 比重（%）	0.19	0.14
空气质量优良率（%）	98.90	96.44
能源消费总量（万吨标准煤）	466.00	491.26
单位地区 GDP 能耗（吨标准煤/万元）	0.37	0.35
全社会用水总量（万立方米）	22785.87	22198.92
单位地区 GDP 水耗（立方米/万元）	18.12	15.96

沈阳市（1）

指标名称	2016 年	2017 年
全社会 R&D 经费支出（亿元）	138.95	140.10
全社会 R&D 经费支出占地区 GDP 比重（%）	2.51	2.42
财政科技支出（亿元）	22.39	16.17
财政科技支出占公共财政支出比重（%）	2.71	1.89
科创板上市企业数量（家）	0	0
发明专利拥有量（件）	11108	13387
万人发明专利拥有量（件/万人）	13.40	16.14
全员劳动生产率（万元/人）	12.80	13.11
居民人均可支配收入（元/人）	39135	41359
R&D 人员（人年）	35606	36850
每万名就业人员中 R&D 人员（人年/万人）	82.16	83.50
普通高等学校在校学生数（人）	403589	397776
万人普通高等学校在校学生数（人/万人）	486.72	479.59
基础研究经费（亿元）	10.10	12.32
基础研究经费占 R&D 经费比重（%）	7.27	8.79
国家重点实验室数量（个）	10	10
中央级普通高等学校数量（个）	1	1
中央级科研院所数量（个）	2	2
国家工程技术研究中心数量（个）	6	6
规上工业企业 R&D 经费支出（亿元）	56.23	56.33
规上工业企业 R&D 经费支出占主营业务收入比重（%）	1.03	1.05
高新技术企业数（家）	554	843
高新技术企业主营业务收入（亿元）	1592.56	1779.49

沈阳市（2）

指标名称	2016 年	2017 年
高新技术企业主营业务收入占规上工业企业比重（%）	29.04	33.25
国家高新技术产业开发区营业收入（亿元）	613.50	1256.88
国家高新技术产业开发区营业收入占地区 GDP 比重（%）	11.06	21.73
国家级科技企业孵化器数（个）	8	10
国家大学科技园数（个）	2	2
国家备案众创空间数（个）	15	25
国家级双创示范基地数（个）	1	1
国家级科技企业孵化器当年新增在孵企业数（家）	218	256
国家大学科技园当年新增在孵企业数（家）	22	23
技术合同成交额（亿元）	187.29	218.16
技术合同成交额占地区 GDP 比重（%）	3.38	3.77
国家国际科技合作基地数（个）	3	4
外国人才来华工作数（人次）	2581	999
高技术产品出口额（百万美元）	970.29	1166.64
高技术产品出口额占商品出口额比重（%）	19.37	20.54
实际使用外资金额（万美元）	81606	101263
实际使用外资金额占地区 GDP 比重（%）	0.98	1.18
空气质量优良率（%）	68.22	70.14
能源消费总量（万吨标准煤）	893.00	834.85
单位地区 GDP 能耗（吨标准煤/万元）	0.16	0.14
全社会用水总量（万立方米）	71482.60	67444.23
单位地区 GDP 水耗（立方米/万元）	12.89	11.66

大连市（1）

指标名称	2016 年	2017 年
全社会 R&D 经费支出（亿元）	132.80	164.18
全社会 R&D 经费支出占地区 GDP 比重（%）	1.95	2.35
财政科技支出（亿元）	20.55	12.19
财政科技支出占公共财政支出比重（%）	2.36	1.32
科创板上市企业数量（家）	0	0
发明专利拥有量（件）	9625	11371
万人发明专利拥有量（件/万人）	13.78	16.27
全员劳动生产率（万元/人）	20.42	18.86
居民人均可支配收入（元/人）	38050	40587
R&D 人员（人年）	30437	30500
每万名就业人员中 R&D 人员（人年/万人）	91.26	82.28
普通高等学校在校学生数（人）	290217	284856
万人普通高等学校在校学生数（人/万人）	415.37	407.64
基础研究经费（亿元）	8.45	14.40
基础研究经费占 R&D 经费比重（%）	6.36	8.77
国家重点实验室数量（个）	5	5
中央级普通高等学校数量（个）	3	3
中央级科研院所数量（个）	1	1
国家工程技术研究中心数量（个）	4	4
规上工业企业 R&D 经费支出（亿元）	71.88	85.28
规上工业企业 R&D 经费支出占主营业务收入比重（%）	1.19	1.55
高新技术企业数（家）	642	814
高新技术企业主营业务收入（亿元）	1737.28	1855.90

大连市（2）

指标名称	2016 年	2017 年
高新技术企业主营业务收入占规上工业企业比重（%）	28.85	33.76
国家高新技术产业开发区营业收入（亿元）	1260.46	2252.30
国家高新技术产业开发区营业收入占地区 GDP 比重（%）	18.51	32.22
国家级科技企业孵化器数（个）	10	11
国家大学科技园数（个）	2	2
国家备案众创空间数（个）	26	29
国家级双创示范基地数（个）	0	2
国家级科技企业孵化器当年新增在孵企业数（家）	250	251
国家大学科技园当年新增在孵企业数（家）	10	39
技术合同成交额（亿元）	81.40	103.38
技术合同成交额占地区 GDP 比重（%）	1.20	1.48
国家国际科技合作基地数（个）	19	20
外国人才来华工作数（人次）	3864	4921
高技术产品出口额（百万美元）	3290.55	3912.05
高技术产品出口额占商品出口额比重（%）	13.68	14.71
实际使用外资金额（万美元）	300200	324870
实际使用外资金额占地区 GDP 比重（%）	2.93	3.14
空气质量优良率（%）	81.92	82.19
能源消费总量（万吨标准煤）	1707.00	1600.00
单位地区 GDP 能耗（吨标准煤/万元）	0.25	0.23
全社会用水总量（万立方米）	40745.80	49568.60
单位地区 GDP 水耗（立方米/万元）	5.98	7.09

长春市（1）

指标名称	2016 年	2017 年
全社会 R&D 经费支出（亿元）	105.96	93.84
全社会 R&D 经费支出占地区 GDP 比重（%）	1.77	1.44
财政科技支出（亿元）	9.54	13.62
财政科技支出占公共财政支出比重（%）	1.24	1.55
科创板上市企业数量（家）	0	0
发明专利拥有量（件）	6960	8843
万人发明专利拥有量（件/万人）	9.24	11.81
全员劳动生产率（万元/人）	12.07	13.32
居民人均可支配收入（元/人）	27195	29044
R&D 人员（人年）	52235	46806
每万名就业人员中 R&D 人员（人年/万人）	105.31	96.00
普通高等学校在校学生数（人）	434366	437812
万人普通高等学校在校学生数（人/万人）	576.52	584.59
基础研究经费（亿元）	11.44	15.15
基础研究经费占 R&D 经费比重（%）	10.79	16.14
国家重点实验室数量（个）	11	11
中央级普通高等学校数量（个）	2	2
中央级科研院所数量（个）	4	4
国家工程技术研究中心数量（个）	4	4
规上工业企业 R&D 经费支出（亿元）	63.78	46.49
规上工业企业 R&D 经费支出占主营业务收入比重（%）	0.66	0.45
高新技术企业数（家）	238	345
高新技术企业主营业务收入（亿元）	1244.73	1512.15

长春市（2）

指标名称	2016 年	2017 年
高新技术企业主营业务收入占规上工业企业比重（%）	12.96	14.62
国家高新技术产业开发区营业收入（亿元）	5260.46	5969.96
国家高新技术产业开发区营业收入占地区 GDP 比重（%）	87.87	91.92
国家级科技企业孵化器数（个）	12	14
国家大学科技园数（个）	2	2
国家备案众创空间数（个）	9	13
国家级双创示范基地数（个）	0	4
国家级科技企业孵化器当年新增在孵企业数（家）	286	250
国家大学科技园当年新增在孵企业数（家）	0	0
技术合同成交额（亿元）	109.25	212.57
技术合同成交额占地区 GDP 比重（%）	1.82	3.27
国家国际科技合作基地数（个）	14	16
外国人才来华工作数（人次）	337	556
高技术产品出口额（百万美元）	253.83	262.04
高技术产品出口额占商品出口额比重（%）	13.25	13.06
实际使用外资金额（万美元）	649792	38980
实际使用外资金额占地区 GDP 比重（%）	7.21	0.41
空气质量优良率（%）	79.73	75.62
能源消费总量（万吨标准煤）	1912.00	1971.00
单位地区 GDP 能耗（吨标准煤/万元）	0.32	0.30
全社会用水总量（万立方米）	38588.26	38401.19
单位地区 GDP 水耗（立方米/万元）	6.45	5.91

吉林市（1）

指标名称	2016 年	2017 年
全社会 R&D 经费支出（亿元）	18.81	23.50
全社会 R&D 经费支出占地区 GDP 比重（%）	0.77	1.06
财政科技支出（亿元）	2.72	3.98
财政科技支出占公共财政支出比重（%）	0.72	0.99
科创板上市企业数量（家）	0	0
发明专利拥有量（件）	844	1027
万人发明专利拥有量（件/万人）	2.00	2.47
全员劳动生产率（万元/人）	11.96	9.25
居民人均可支配收入（元/人）	25520	27179
R&D 人员（人年）	7037	5940
每万名就业人员中 R&D 人员（人年/万人）	34.30	24.87
普通高等学校在校学生数（人）	104018	102474
万人普通高等学校在校学生数（人/万人）	246.23	246.72
基础研究经费（亿元）	0.72	0.53
基础研究经费占 R&D 经费比重（%）	3.81	2.24
国家重点实验室数量（个）	0	0
中央级普通高等学校数量（个）	0	0
中央级科研院所数量（个）	0	0
国家工程技术研究中心数量（个）	0	0
规上工业企业 R&D 经费支出（亿元）	14.30	20.01
规上工业企业 R&D 经费支出占主营业务收入比重（%）	0.46	1.22
高新技术企业数（家）	50	60
高新技术企业主营业务收入（亿元）	226.03	241.06

吉林市（2）

指标名称	2016年	2017年
高新技术企业主营业务收入占规上工业企业比重（%）	7.32	14.66
国家高新技术产业开发区营业收入（亿元）	879.78	877.29
国家高新技术产业开发区营业收入占地区GDP比重（%）	35.86	39.72
国家级科技企业孵化器数（个）	3	2
国家大学科技园数（个）	1	1
国家备案众创空间数（个）	1	2
国家级双创示范基地数（个）	0	0
国家级科技企业孵化器当年新增在孵企业数（家）	54	50
国家大学科技园当年新增在孵企业数（家）	0	0
技术合同成交额（亿元）	1.08	3.61
技术合同成交额占地区GDP比重（%）	0.04	0.16
国家国际科技合作基地数（个）	0	0
外国人才来华工作数（人次）	49	114
高技术产品出口额（百万美元）	55.95	42.36
高技术产品出口额占商品出口额比重（%）	8.03	4.61
实际使用外资金额（万美元）	115403	41850
实际使用外资金额占地区GDP比重（%）	3.12	1.28
空气质量优良率（%）	79.45	70.96
能源消费总量（万吨标准煤）	1382.00	2041.00
单位地区GDP能耗（吨标准煤/万元）	0.56	0.92
全社会用水总量（万立方米）	19225.00	20215.00
单位地区GDP水耗（立方米/万元）	7.84	9.15

哈尔滨市（1）

指标名称	2016 年	2017 年
全社会 R&D 经费支出（亿元）	112.13	96.70
全社会 R&D 经费支出占地区 GDP 比重（%）	1.84	1.55
财政科技支出（亿元）	7.64	8.74
财政科技支出占公共财政支出比重（%）	0.87	0.91
科创板上市企业数量（家）	0	1
发明专利拥有量（件）	13372	16535
万人发明专利拥有量（件/万人）	12.21	15.13
全员劳动生产率（万元/人）	12.60	12.58
居民人均可支配收入（元/人）	33190	35546
R&D 人员（人年）	35925	31920
每万名就业人员中 R&D 人员（人年/万人）	74.18	64.19
普通高等学校在校学生数（人）	636240	508209
万人普通高等学校在校学生数（人/万人）	580.93	465.01
基础研究经费（亿元）	13.33	20.57
基础研究经费占 R&D 经费比重（%）	11.89	21.27
国家重点实验室数量（个）	7	7
中央级普通高等学校数量（个）	3	3
中央级科研院所数量（个）	6	6
国家工程技术研究中心数量（个）	4	4
规上工业企业 R&D 经费支出（亿元）	49.39	48.04
规上工业企业 R&D 经费支出占主营业务收入比重（%）	1.24	1.59
高新技术企业数（家）	487	613
高新技术企业主营业务收入（亿元）	1211.60	1284.33

哈尔滨市（2）

指标名称	2016 年	2017 年
高新技术企业主营业务收入占规上工业企业比重（%）	30.33	42.41
国家高新技术产业开发区营业收入（亿元）	1281.99	1695.18
国家高新技术产业开发区营业收入占地区 GDP 比重（%）	21.01	27.09
国家级科技企业孵化器数（个）	12	12
国家大学科技园数（个）	4	4
国家备案众创空间数（个）	17	19
国家级双创示范基地数（个）	0	2
国家级科技企业孵化器当年新增在孵企业数（家）	299	238
国家大学科技园当年新增在孵企业数（家）	111	85
技术合同成交额（亿元）	107.58	132.05
技术合同成交额占地区 GDP 比重（%）	1.76	2.11
国家国际科技合作基地数（个）	18	22
外国人才来华工作数（人次）	569	756
高技术产品出口额（百万美元）	152.47	156.79
高技术产品出口额占商品出口额比重（%）	5.15	6.39
实际使用外资金额（万美元）	320730	344218
实际使用外资金额占地区 GDP 比重（%）	3.49	3.71
空气质量优良率（%）	77.26	74.25
能源消费总量（万吨标准煤）	3771.89	3828.47
单位地区 GDP 能耗（吨标准煤/万元）	0.62	0.61
全社会用水总量（万立方米）	39361.80	41319.34
单位地区 GDP 水耗（立方米/万元）	6.45	6.60

太原市（1）

指标名称	2016 年	2017 年
全社会 R&D 经费支出（亿元）	70.30	72.20
全社会 R&D 经费支出占地区 GDP 比重（%）	2.38	2.13
财政科技支出（亿元）	8.32	18.53
财政科技支出占公共财政支出比重（%）	1.96	3.87
科创板上市企业数量（家）	0	0
发明专利拥有量（件）	6252	7462
万人发明专利拥有量（件/万人）	14.39	17.04
全员劳动生产率（万元/人）	12.52	13.97
居民人均可支配收入（元/人）	29632	31469
R&D 人员（人年）	22079	22118
每万名就业人员中 R&D 人员（人年/万人）	93.56	91.35
普通高等学校在校学生数（人）	432234	440173
万人普通高等学校在校学生数（人/万人）	994.92	1005.03
基础研究经费（亿元）	7.02	6.55
基础研究经费占 R&D 经费比重（%）	9.99	9.07
国家重点实验室数量（个）	4	4
中央级普通高等学校数量（个）	0	0
中央级科研院所数量（个）	1	1
国家工程技术研究中心数量（个）	0	0
规上工业企业 R&D 经费支出（亿元）	49.25	42.09
规上工业企业 R&D 经费支出占主营业务收入比重（%）	2.10	1.47
高新技术企业数（家）	522	626
高新技术企业主营业务收入（亿元）	1644.78	2020.64

太原市（2）

指标名称	2016 年	2017 年
高新技术企业主营业务收入占规上工业企业比重（%）	70.11	70.43
国家高新技术产业开发区营业收入（亿元）	1782.75	2034.25
国家高新技术产业开发区营业收入占地区 GDP 比重（%）	60.32	60.15
国家级科技企业孵化器数（个）	8	8
国家大学科技园数（个）	0	0
国家备案众创空间数（个）	8	19
国家级双创示范基地数（个）	0	1
国家级科技企业孵化器当年新增在孵企业数（家）	157	112
国家大学科技园当年新增在孵企业数（家）	0	0
技术合同成交额（亿元）	7.31	63.05
技术合同成交额占地区 GDP 比重（%）	0.25	1.86
国家国际科技合作基地数（个）	11	11
外国人才来华工作数（人次）	13	199
高技术产品出口额（百万美元）	6197.91	5843.85
高技术产品出口额占商品出口额比重（%）	58.84	51.53
实际使用外资金额（万美元）	46214	10713
实际使用外资金额占地区 GDP 比重（%）	1.04	0.21
空气质量优良率（%）	63.56	48.22
能源消费总量（万吨标准煤）	2672.59	2759.98
单位地区 GDP 能耗（吨标准煤/万元）	0.90	0.82
全社会用水总量（万立方米）	36499.00	34139.65
单位地区 GDP 水耗（立方米/万元）	12.35	10.09

合肥市（1）

指标名称	2016 年	2017 年
全社会 R&D 经费支出（亿元）	194.78	226.86
全社会 R&D 经费支出占地区 GDP 比重（%）	3.10	3.24
财政科技支出（亿元）	101.70	69.59
财政科技支出占公共财政支出比重（%）	11.83	7.21
科创板上市企业数量（家）	0	0
发明专利拥有量（件）	13160	16920
万人发明专利拥有量（件/万人）	16.72	21.24
全员劳动生产率（万元/人）	10.98	11.76
居民人均可支配收入（元/人）	34852	37972
R&D 人员（人年）	49853	50028
每万名就业人员中 R&D 人员（人年/万人）	87.23	84.04
普通高等学校在校学生数（人）	499515	502943
万人普通高等学校在校学生数（人/万人）	634.79	631.44
基础研究经费（亿元）	22.02	26.51
基础研究经费占 R&D 经费比重（%）	11.30	11.69
国家重点实验室数量（个）	5	5
中央级普通高等学校数量（个）	2	2
中央级科研院所数量（个）	3	3
国家工程技术研究中心数量（个）	5	5
规上工业企业 R&D 经费支出（亿元）	121.52	137.06
规上工业企业 R&D 经费支出占主营业务收入比重（%）	1.28	1.58
高新技术企业数（家）	1346	1662
高新技术企业主营业务收入（亿元）	4190.10	3642.90

合肥市（2）

指标名称	2016 年	2017 年
高新技术企业主营业务收入占规上工业企业比重（%）	44.02	41.91
国家高新技术产业开发区营业收入（亿元）	3258.19	4596.73
国家高新技术产业开发区营业收入占地区 GDP 比重（%）	51.93	65.64
国家级科技企业孵化器数（个）	8	12
国家大学科技园数（个）	1	1
国家备案众创空间数（个）	11	17
国家级双创示范基地数（个）	1	3
国家级科技企业孵化器当年新增在孵企业数（家）	234	409
国家大学科技园当年新增在孵企业数（家）	60	64
技术合同成交额（亿元）	120.45	142.70
技术合同成交额占地区 GDP 比重（%）	1.92	2.04
国家国际科技合作基地数（个）	11	13
外国人才来华工作数（人次）	793	606
高技术产品出口额（百万美元）	4349.42	5676.33
高技术产品出口额占商品出口额比重（%）	38.53	41.40
实际使用外资金额（万美元）	282976	302037
实际使用外资金额占地区 GDP 比重（%）	3.00	2.91
空气质量优良率（%）	69.32	61.37
能源消费总量（万吨标准煤）	2156.00	2178.07
单位地区 GDP 能耗（吨标准煤/万元）	0.34	0.31
全社会用水总量（万立方米）	47891.00	54337.15
单位地区 GDP 水耗（立方米/万元）	7.63	7.76

芜湖市（1）

指标名称	2016 年	2017 年
全社会 R&D 经费支出（亿元）	73.97	88.13
全社会 R&D 经费支出占地区 GDP 比重（%）	2.74	2.97
财政科技支出（亿元）	51.78	57.42
财政科技支出占公共财政支出比重（%）	12.65	12.39
科创板上市企业数量（家）	0	0
发明专利拥有量（件）	7654	9518
万人发明专利拥有量（件/万人）	20.86	25.75
全员劳动生产率（万元/人）	11.90	11.90
居民人均可支配收入（元/人）	32315	35175
R&D 人员（人年）	18193	18275
每万名就业人员中 R&D 人员（人年/万人）	80.19	73.38
普通高等学校在校学生数（人）	165114	166698
万人普通高等学校在校学生数（人/万人）	449.90	451.02
基础研究经费（亿元）	1.05	1.55
基础研究经费占 R&D 经费比重（%）	1.42	1.76
国家重点实验室数量（个）	0	0
中央级普通高等学校数量（个）	0	0
中央级科研院所数量（个）	0	0
国家工程技术研究中心数量（个）	2	2
规上工业企业 R&D 经费支出（亿元）	69.28	82.32
规上工业企业 R&D 经费支出占主营业务收入比重（%）	1.20	1.38
高新技术企业数（家）	521	504
高新技术企业主营业务收入（亿元）	2024.56	1828.03

芜湖市（2）

指标名称	2016 年	2017 年
高新技术企业主营业务收入占规上工业企业比重（%）	35.13	30.54
国家高新技术产业开发区营业收入（亿元）	1164.83	1341.99
国家高新技术产业开发区营业收入占地区 GDP 比重（%）	43.15	45.29
国家级科技企业孵化器数（个）	2	2
国家大学科技园数（个）	0	0
国家备案众创空间数（个）	4	5
国家级双创示范基地数（个）	0	1
国家级科技企业孵化器当年新增在孵企业数（家）	67	65
国家大学科技园当年新增在孵企业数（家）	0	0
技术合同成交额（亿元）	45.64	48.31
技术合同成交额占地区 GDP 比重（%）	1.69	1.63
国家国际科技合作基地数（个）	2	2
外国人才来华工作数（人次）	187	189
高技术产品出口额（百万美元）	429.38	746.27
高技术产品出口额占商品出口额比重（%）	10.55	16.30
实际使用外资金额（万美元）	251145	268730
实际使用外资金额占地区 GDP 比重（%）	6.18	6.12
	0.00	0.00
空气质量优良率（%）	80.55	68.22
能源消费总量（万吨标准煤）	1218.00	1203.60
单位地区 GDP 能耗（吨标准煤/万元）	0.45	0.41
全社会用水总量（万立方米）	19535.00	18054.02
单位地区 GDP 水耗（立方米/万元）	7.24	6.09

马鞍山市（1）

指标名称	2016 年	2017 年
全社会 R&D 经费支出（亿元）	38.99	43.62
全社会 R&D 经费支出占地区 GDP 比重（%）	2.61	2.55
财政科技支出（亿元）	10.30	12.31
财政科技支出占公共财政支出比重（%）	4.82	5.40
科创板上市企业数量（家）	0	0
发明专利拥有量（件）	3018	3625
万人发明专利拥有量（件/万人）	13.26	15.75
全员劳动生产率（万元/人）	12.22	12.14
居民人均可支配收入（元/人）	38142	41403
R&D 人员（人年）	9317	8030
每万名就业人员中 R&D 人员（人年/万人）	76.20	57.01
普通高等学校在校学生数（人）	53714	53635
万人普通高等学校在校学生数（人/万人）	236.00	232.99
基础研究经费（亿元）	0.30	0.27
基础研究经费占 R&D 经费比重（%）	0.77	0.62
国家重点实验室数量（个）	1	1
中央级普通高等学校数量（个）	0	0
中央级科研院所数量（个）	0	0
国家工程技术研究中心数量（个）	1	1
规上工业企业 R&D 经费支出（亿元）	34.09	38.98
规上工业企业 R&D 经费支出占主营业务收入比重（%）	1.25	1.31
高新技术企业数（家）	302	338
高新技术企业主营业务收入（亿元）	572.61	699.96

马鞍山市（2）

指标名称	2016 年	2017 年
高新技术企业主营业务收入占规上工业企业比重（%）	20.92	23.45
国家高新技术产业开发区营业收入（亿元）	670.34	979.51
国家高新技术产业开发区营业收入占地区 GDP 比重（%）	44.88	57.28
国家级科技企业孵化器数（个）	3	3
国家大学科技园数（个）	0	0
国家备案众创空间数（个）	1	1
国家级双创示范基地数（个）	0	0
国家级科技企业孵化器当年新增在孵企业数（家）	85	81
国家大学科技园当年新增在孵企业数（家）	0	0
技术合同成交额（亿元）	11.79	12.25
技术合同成交额占地区 GDP 比重（%）	0.79	0.72
国家国际科技合作基地数（个）	1	2
外国人才来华工作数（人次）	68	79
高技术产品出口额（百万美元）	91.19	131.39
高技术产品出口额占商品出口额比重（%）	7.75	9.05
实际使用外资金额（万美元）	209531	227642
实际使用外资金额占地区 GDP 比重（%）	9.32	8.99
空气质量优良率（%）	74.52	65.21
能源消费总量（万吨标准煤）	1923.00	1934.71
单位地区 GDP 能耗（吨标准煤/万元）	1.29	1.13
全社会用水总量（万立方米）	12739.80	13224.05
单位地区 GDP 水耗（立方米/万元）	8.53	7.73

南昌市（1）

指标名称	2016 年	2017 年
全社会 R&D 经费支出（亿元）	71.42	81.02
全社会 R&D 经费支出占地区 GDP 比重（%）	1.64	1.62
财政科技支出（亿元）	10.14	21.73
财政科技支出占公共财政支出比重（%）	1.74	3.33
科创板上市企业数量（家）	0	0
发明专利拥有量（件）	3428	4166
万人发明专利拥有量（件/万人）	6.38	7.63
全员劳动生产率（万元/人）	13.81	13.88
居民人均可支配收入（元/人）	34619	37675
R&D 人员（人年）	25720	26475
每万名就业人员中 R&D 人员（人年/万人）	81.53	73.43
普通高等学校在校学生数（人）	611819	609801
万人普通高等学校在校学生数（人/万人）	1139.03	1116.14
基础研究经费（亿元）	3.19	5.56
基础研究经费占 R&D 经费比重（%）	4.46	6.86
国家重点实验室数量（个）	2	2
中央级普通高等学校数量（个）	0	0
中央级科研院所数量（个）	0	0
国家工程技术研究中心数量（个）	4	4
规上工业企业 R&D 经费支出（亿元）	50.49	56.78
规上工业企业 R&D 经费支出占主营业务收入比重（%）	0.82	0.91
高新技术企业数（家）	431	615
高新技术企业主营业务收入（亿元）	2221.00	2846.36

南昌市（2）

指标名称	2016 年	2017 年
高新技术企业主营业务收入占规上工业企业比重（%）	36.05	45.73
国家高新技术产业开发区营业收入（亿元）	2244.34	2852.30
国家高新技术产业开发区营业收入占地区 GDP 比重（%）	51.53	57.01
国家级科技企业孵化器数（个）	8	8
国家大学科技园数（个）	3	3
国家备案众创空间数（个）	9	22
国家级双创示范基地数（个）	0	1
国家级科技企业孵化器当年新增在孵企业数（家）	272	213
国家大学科技园当年新增在孵企业数（家）	70	70
技术合同成交额（亿元）	36.93	42.80
技术合同成交额占地区 GDP 比重（%）	0.85	0.86
国家国际科技合作基地数（个）	9	9
外国人才来华工作数（人次）	0	316
高技术产品出口额（百万美元）	1622.04	1250.56
高技术产品出口额占商品出口额比重（%）	18.82	14.90
实际使用外资金额（万美元）	306452	386418
实际使用外资金额占地区 GDP 比重（%）	4.67	5.21
空气质量优良率（%）	87.12	82.19
能源消费总量（万吨标准煤）	1453.93	1515.32
单位地区 GDP 能耗（吨标准煤/万元）	0.33	0.30
全社会用水总量（万立方米）	42753.35	40895.26
单位地区 GDP 水耗（立方米/万元）	9.82	8.17

景德镇市（1）

指标名称	2016 年	2017 年
全社会 R&D 经费支出（亿元）	12.13	17.21
全社会 R&D 经费支出占地区 GDP 比重（%）	1.44	1.96
财政科技支出（亿元）	1.87	3.96
财政科技支出占公共财政支出比重（%）	1.07	2.06
科创板上市企业数量（家）	0	0
发明专利拥有量（件）	349	475
万人发明专利拥有量（件/万人）	2.11	2.85
全员劳动生产率（万元/人）	9.66	10.26
居民人均可支配收入（元/人）	31418	34283
R&D 人员（人年）	3894	5771
每万名就业人员中 R&D 人员（人年/万人）	44.77	67.40
普通高等学校在校学生数（人）	32210	32276
万人普通高等学校在校学生数（人/万人）	194.63	193.86
基础研究经费（亿元）	0.18	0.20
基础研究经费占 R&D 经费比重（%）	1.47	1.19
国家重点实验室数量（个）	0	0
中央级普通高等学校数量（个）	0	0
中央级科研院所数量（个）	0	0
国家工程技术研究中心数量（个）	1	1
规上工业企业 R&D 经费支出（亿元）	13.29	14.62
规上工业企业 R&D 经费支出占主营业务收入比重（%）	1.16	1.31
高新技术企业数（家）	34	49
高新技术企业主营业务收入（亿元）	311.35	382.20

景德镇市（2）

指标名称	2016 年	2017 年
高新技术企业主营业务收入占规上工业企业比重（%）	27.06	34.21
国家高新技术产业开发区营业收入（亿元）	929.69	1000.27
国家高新技术产业开发区营业收入占地区 GDP 比重（%）	110.66	113.89
国家级科技企业孵化器数（个）	1	1
国家大学科技园数（个）	0	0
国家备案众创空间数（个）	0	3
国家级双创示范基地数（个）	0	0
国家级科技企业孵化器当年新增在孵企业数（家）	26	11
国家大学科技园当年新增在孵企业数（家）	0	0
技术合同成交额（亿元）	3.59	4.07
技术合同成交额占地区 GDP 比重（%）	0.43	0.46
国家国际科技合作基地数（个）	2	2
外国人才来华工作数（人次）	14	23
高技术产品出口额（百万美元）	15.56	25.29
高技术产品出口额占商品出口额比重（%）	2.71	3.35
实际使用外资金额（万美元）	18772	20463
实际使用外资金额占地区 GDP 比重（%）	1.48	1.57
空气质量优良率（%）	90.14	90.96
能源消费总量（万吨标准煤）	407.13	411.80
单位地区 GDP 能耗（吨标准煤/万元）	0.48	0.47
全社会用水总量（万立方米）	5214.87	6219.68
单位地区 GDP 水耗（立方米/万元）	6.21	7.08

萍乡市（1）

指标名称	2016 年	2017 年
全社会 R&D 经费支出（亿元）	5.42	7.81
全社会 R&D 经费支出占地区 GDP 比重（%）	0.54	0.73
财政科技支出（亿元）	4.49	5.43
财政科技支出占公共财政支出比重（%）	2.24	2.41
科创板上市企业数量（家）	0	0
发明专利拥有量（件）	220	294
万人发明专利拥有量（件/万人）	1.15	1.53
全员劳动生产率（万元/人）	9.27	10.08
居民人均可支配收入（元/人）	30630	33120
R&D 人员（人年）	1214	1795
每万名就业人员中 R&D 人员（人年/万人）	11.28	16.91
普通高等学校在校学生数（人）	11632	27419
万人普通高等学校在校学生数（人/万人）	60.77	142.44
基础研究经费（亿元）	0.02	0.09
基础研究经费占 R&D 经费比重（%）	0.40	1.22
国家重点实验室数量（个）	0	0
中央级普通高等学校数量（个）	0	0
中央级科研院所数量（个）	0	0
国家工程技术研究中心数量（个）	0	0
规上工业企业 R&D 经费支出（亿元）	5.39	7.54
规上工业企业 R&D 经费支出占主营业务收入比重（%）	0.31	0.63
高新技术企业数（家）	50	77
高新技术企业主营业务收入（亿元）	32.22	50.83

萍乡市（2）

指标名称	2016 年	2017 年
高新技术企业主营业务收入占规上工业企业比重（%）	1.85	4.22
国家高新技术产业开发区营业收入（亿元）	0.00	0.00
国家高新技术产业开发区营业收入占地区 GDP 比重（%）	0.00	0.00
国家级科技企业孵化器数（个）	0	0
国家大学科技园数（个）	0	0
国家备案众创空间数（个）	0	1
国家级双创示范基地数（个）	0	0
国家级科技企业孵化器当年新增在孵企业数（家）	0	0
国家大学科技园当年新增在孵企业数（家）	0	0
技术合同成交额（亿元）	7.63	5.00
技术合同成交额占地区 GDP 比重（%）	0.76	0.47
国家国际科技合作基地数（个）	1	1
外国人才来华工作数（人次）	16	27
高技术产品出口额（百万美元）	18.09	27.35
高技术产品出口额占商品出口额比重（%）	5.35	6.49
实际使用外资金额（万美元）	33664	36704
实际使用外资金额占地区 GDP 比重（%）	2.24	2.31
空气质量优良率（%）	73.70	78.90
能源消费总量（万吨标准煤）	890.63	910.89
单位地区 GDP 能耗（吨标准煤/万元）	0.89	0.85
全社会用水总量（万立方米）	3781.36	4024.03
单位地区 GDP 水耗（立方米/万元）	3.79	3.76

郑州市（1）

指标名称	2016 年	2017 年
全社会 R&D 经费支出（亿元）	141.95	158.83
全社会 R&D 经费支出占地区 GDP 比重（%）	1.75	1.73
财政科技支出（亿元）	21.72	33.96
财政科技支出占公共财政支出比重（%）	1.64	2.24
科创板上市企业数量（家）	0	0
发明专利拥有量（件）	8216	10382
万人发明专利拥有量（件/万人）	8.45	10.51
全员劳动生产率（万元/人）	13.71	15.00
居民人均可支配收入（元/人）	33214	36050
R&D 人员（人年）	45306	41289
每万名就业人员中 R&D 人员（人年/万人）	76.53	67.36
普通高等学校在校学生数（人）	889329	935332
万人普通高等学校在校学生数（人/万人）	914.57	946.63
基础研究经费（亿元）	2.48	2.51
基础研究经费占 R&D 经费比重（%）	1.74	1.58
国家重点实验室数量（个）	3	3
中央级普通高等学校数量（个）	1	1
中央级科研院所数量（个）	3	3
国家工程技术研究中心数量（个）	6	6
规上工业企业 R&D 经费支出（亿元）	100.29	103.40
规上工业企业 R&D 经费支出占主营业务收入比重（%）	0.71	0.70
高新技术企业数（家）	577	803
高新技术企业主营业务收入（亿元）	1785.19	2158.95

郑州市（2）

指标名称	2016 年	2017 年
高新技术企业主营业务收入占规上工业企业比重（%）	12.61	14.65
国家高新技术产业开发区营业收入（亿元）	4347.61	2661.04
国家高新技术产业开发区营业收入占地区 GDP 比重（%）	53.58	28.94
国家级科技企业孵化器数（个）	9	11
国家大学科技园数（个）	0	0
国家备案众创空间数（个）	7	20
国家级双创示范基地数（个）	1	1
国家级科技企业孵化器当年新增在孵企业数（家）	380	387
国家大学科技园当年新增在孵企业数（家）	0	0
技术合同成交额（亿元）	26.99	34.78
技术合同成交额占地区 GDP 比重（%）	0.33	0.38
国家国际科技合作基地数（个）	7	10
外国人才来华工作数（人次）	—	—
高技术产品出口额（百万美元）	27757.06	29843.35
高技术产品出口额占商品出口额比重（%）	84.91	84.09
实际使用外资金额（万美元）	403305	404969
实际使用外资金额占地区 GDP 比重（%）	3.30	2.97
空气质量优良率（%）	43.56	45.48
能源消费总量（万吨标准煤）	2228.53	2303.14
单位地区 GDP 能耗（吨标准煤/万元）	0.27	0.25
全社会用水总量（万立方米）	37259.00	39634.62
单位地区 GDP 水耗（立方米/万元）	4.59	4.31

洛阳市（1）

指标名称	2016 年	2017 年
全社会 R&D 经费支出（亿元）	67.32	86.38
全社会 R&D 经费支出占地区 GDP 比重（%）	1.76	2.01
财政科技支出（亿元）	9.33	13.55
财政科技支出占公共财政支出比重（%）	1.81	2.47
科创板上市企业数量（家）	0	0
发明专利拥有量（件）	5353	6253
万人发明专利拥有量（件/万人）	7.87	9.17
全员劳动生产率（万元/人）	8.43	9.29
居民人均可支配收入（元/人）	30752	33273
R&D 人员（人年）	19025	18360
每万名就业人员中 R&D 人员（人年/万人）	41.99	39.76
普通高等学校在校学生数（人）	134827	118132
万人普通高等学校在校学生数（人/万人）	198.25	173.15
基础研究经费（亿元）	0.38	1.06
基础研究经费占 R&D 经费比重（%）	0.57	1.22
国家重点实验室数量（个）	5	5
中央级普通高等学校数量（个）	0	0
中央级科研院所数量（个）	0	0
国家工程技术研究中心数量（个）	2	2
规上工业企业 R&D 经费支出（亿元）	45.12	58.14
规上工业企业 R&D 经费支出占主营业务收入比重（%）	0.60	0.76
高新技术企业数（家）	236	335
高新技术企业主营业务收入（亿元）	922.09	1004.95

洛阳市（2）

指标名称	2016 年	2017 年
高新技术企业主营业务收入占规上工业企业比重（%）	12.35	13.05
国家高新技术产业开发区营业收入（亿元）	1482.62	1760.01
国家高新技术产业开发区营业收入占地区 GDP 比重（%）	38.81	41.02
国家级科技企业孵化器数（个）	5	7
国家大学科技园数（个）	0	0
国家备案众创空间数（个）	4	6
国家级双创示范基地数（个）	1	1
国家级科技企业孵化器当年新增在孵企业数（家）	216	284
国家大学科技园当年新增在孵企业数（家）	0	0
技术合同成交额（亿元）	22.48	29.92
技术合同成交额占地区 GDP 比重（%）	0.59	0.70
国家国际科技合作基地数（个）	2	3
外国人才来华工作数（人次）	—	—
高技术产品出口额（百万美元）	175.85	293.17
高技术产品出口额占商品出口额比重（%）	11.18	15.47
实际使用外资金额（万美元）	268798	269864
实际使用外资金额占地区 GDP 比重（%）	4.67	4.25
空气质量优良率（%）	43.84	45.48
能源消费总量（万吨标准煤）	1887.09	1902.57
单位地区 GDP 能耗（吨标准煤/万元）	0.49	0.44
全社会用水总量（万立方米）	16365.28	16736.93
单位地区 GDP 水耗（立方米/万元）	4.28	3.90

南阳市（1）

指标名称	2016 年	2017 年
全社会 R&D 经费支出（亿元）	29.42	32.96
全社会 R&D 经费支出占地区 GDP 比重（%）	0.94	0.99
财政科技支出（亿元）	7.07	8.34
财政科技支出占公共财政支出比重（%）	1.29	1.43
科创板上市企业数量（家）	0	0
发明专利拥有量（件）	1225	1563
万人发明专利拥有量（件/万人）	1.22	1.56
全员劳动生产率（万元/人）	4.31	4.59
居民人均可支配收入（元/人）	26898	29128
R&D 人员（人年）	14262	10503
每万名就业人员中 R&D 人员（人年/万人）	19.73	14.40
普通高等学校在校学生数（人）	80438	86448
万人普通高等学校在校学生数（人/万人）	79.89	86.02
基础研究经费（亿元）	0.10	0.12
基础研究经费占 R&D 经费比重（%）	0.35	0.37
国家重点实验室数量（个）	1	1
中央级普通高等学校数量（个）	0	0
中央级科研院所数量（个）	0	0
国家工程技术研究中心数量（个）	0	0
规上工业企业 R&D 经费支出（亿元）	28.70	31.82
规上工业企业 R&D 经费支出占主营业务收入比重（%）	0.64	0.87
高新技术企业数（家）	57	79
高新技术企业主营业务收入（亿元）	271.00	369.95

南阳市（2）

指标名称	2016 年	2017 年
高新技术企业主营业务收入占规上工业企业比重（%）	6.00	10.11
国家高新技术产业开发区营业收入（亿元）	285.03	315.14
国家高新技术产业开发区营业收入占地区 GDP 比重（%）	9.15	9.42
国家级科技企业孵化器数（个）	1	1
国家大学科技园数（个）	0	0
国家备案众创空间数（个）	1	3
国家级双创示范基地数（个）	0	0
国家级科技企业孵化器当年新增在孵企业数（家）	9	11
国家大学科技园当年新增在孵企业数（家）	0	0
技术合同成交额（亿元）	1.40	0.96
技术合同成交额占地区 GDP 比重（%）	0.04	0.03
国家国际科技合作基地数（个）	1	1
外国人才来华工作数（人次）	—	—
高技术产品出口额（百万美元）	89.01	81.35
高技术产品出口额占商品出口额比重（%）	5.84	4.66
实际使用外资金额（万美元）	65221	60297
实际使用外资金额占地区 GDP 比重（%）	1.39	1.22
空气质量优良率（%）	54.52	56.00
能源消费总量（万吨标准煤）	954.29	954.37
单位地区 GDP 能耗（吨标准煤/万元）	0.31	0.29
全社会用水总量（万立方米）	9594.32	10065.09
单位地区 GDP 水耗（立方米/万元）	3.08	3.01

武汉市（1）

指标名称	2016 年	2017 年
全社会 R&D 经费支出（亿元）	227.11	429.00
全社会 R&D 经费支出占地区 GDP 比重（%）	1.91	3.20
财政科技支出（亿元）	86.42	112.99
财政科技支出占公共财政支出比重（%）	5.67	6.54
科创板上市企业数量（家）	0	0
发明专利拥有量（件）	24460	30955
万人发明专利拥有量（件/万人）	22.72	28.42
全员劳动生产率（万元/人）	20.77	22.85
居民人均可支配收入（元/人）	39737	43405
R&D 人员（人年）	58516	64257
每万名就业人员中 R&D 人员（人年/万人）	102.04	109.49
普通高等学校在校学生数（人）	948768	947651
万人普通高等学校在校学生数（人/万人）	881.25	869.97
基础研究经费（亿元）	19.28	23.34
基础研究经费占 R&D 经费比重（%）	8.49	5.44
国家重点实验室数量（个）	25	25
中央级普通高等学校数量（个）	8	8
中央级科研院所数量（个）	7	7
国家工程技术研究中心数量（个）	18	18
规上工业企业 R&D 经费支出（亿元）	128.31	158.25
规上工业企业 R&D 经费支出占主营业务收入比重（%）	1.06	1.13
高新技术企业数（家）	2117	2763
高新技术企业主营业务收入（亿元）	6337.63	7323.34

武汉市（2）

指标名称	2016 年	2017 年
高新技术企业主营业务收入占规上工业企业比重（%）	52.27	52.28
国家高新技术产业开发区营业收入（亿元）	8011.87	12012.46
国家高新技术产业开发区营业收入占地区 GDP 比重（%）	67.26	89.58
国家级科技企业孵化器数（个）	27	29
国家大学科技园数（个）	3	3
国家备案众创空间数（个）	34	36
国家级双创示范基地数（个）	1	4
国家级科技企业孵化器当年新增在孵企业数（家）	656	743
国家大学科技园当年新增在孵企业数（家）	77	92
技术合同成交额（亿元）	544.70	594.91
技术合同成交额占地区 GDP 比重（%）	4.57	4.44
国家国际科技合作基地数（个）	24	29
外国人才来华工作数（人次）	889	177
高技术产品出口额（百万美元）	8270.32	10068.73
高技术产品出口额占商品出口额比重（%）	60.51	60.61
实际使用外资金额（万美元）	852255	964690
实际使用外资金额占地区 GDP 比重（%）	4.75	4.86
空气质量优良率（%）	64.93	69.86
能源消费总量（万吨标准煤）	5785.59	5946.10
单位地区 GDP 能耗（吨标准煤/万元）	0.49	0.44
全社会用水总量（万立方米）	132833.29	143395.99
单位地区 GDP 水耗（立方米/万元）	11.15	10.69

宜昌市（1）

指标名称	2016 年	2017 年
全社会 R&D 经费支出（亿元）	84.87	54.26
全社会 R&D 经费支出占地区 GDP 比重（%）	2.29	1.41
财政科技支出（亿元）	13.69	14.36
财政科技支出占公共财政支出比重（%）	2.57	2.91
科创板上市企业数量（家）	0	0
发明专利拥有量（件）	1941	2585
万人发明专利拥有量（件/万人）	4.70	6.25
全员劳动生产率（万元/人）	8.60	10.94
居民人均可支配收入（元/人）	29735	32316
R&D 人员（人年）	12867	10875
每万名就业人员中 R&D 人员（人年/万人）	29.82	30.86
普通高等学校在校学生数（人）	58116	57233
万人普通高等学校在校学生数（人/万人）	140.72	138.39
基础研究经费（亿元）	0.30	0.20
基础研究经费占 R&D 经费比重（%）	0.35	0.37
国家重点实验室数量（个）	0	0
中央级普通高等学校数量（个）	0	0
中央级科研院所数量（个）	0	0
国家工程技术研究中心数量（个）	0	0
规上工业企业 R&D 经费支出（亿元）	79.99	47.10
规上工业企业 R&D 经费支出占主营业务收入比重（%）	1.39	1.74
高新技术企业数（家）	321	373
高新技术企业主营业务收入（亿元）	1775.36	1268.84

宜昌市（2）

指标名称	2016 年	2017 年
高新技术企业主营业务收入占规上工业企业比重（%）	30.93	46.75
国家高新技术产业开发区营业收入（亿元）	1842.87	1317.19
国家高新技术产业开发区营业收入占地区 GDP 比重（%）	49.68	34.15
国家级科技企业孵化器数（个）	3	4
国家大学科技园数（个）	0	0
国家备案众创空间数（个）	3	5
国家级双创示范基地数（个）	0	0
国家级科技企业孵化器当年新增在孵企业数（家）	70	110
国家大学科技园当年新增在孵企业数（家）	0	0
技术合同成交额（亿元）	83.60	108.92
技术合同成交额占地区 GDP 比重（%）	2.25	2.82
国家国际科技合作基地数（个）	0	0
外国人才来华工作数（人次）	68	15
高技术产品出口额（百万美元）	195.11	415.75
高技术产品出口额占商品出口额比重（%）	8.42	15.44
实际使用外资金额（万美元）	39149	25634
实际使用外资金额占地区 GDP 比重（%）	0.70	0.45
空气质量优良率（%）	67.67	70.68
能源消费总量（万吨标准煤）	1489.00	1453.13
单位地区 GDP 能耗（吨标准煤/万元）	0.40	0.38
全社会用水总量（万立方米）	15088.60	15372.94
单位地区 GDP 水耗（立方米/万元）	4.07	3.99

襄阳市（1）

指标名称	2016 年	2017 年
全社会 R&D 经费支出（亿元）	76.60	76.42
全社会 R&D 经费支出占地区 GDP 比重（%）	2.07	1.88
财政科技支出（亿元）	20.69	23.00
财政科技支出占公共财政支出比重（%）	3.23	3.58
科创板上市企业数量（家）	0	0
发明专利拥有量（件）	1954	2581
万人发明专利拥有量（件/万人）	3.47	4.56
全员劳动生产率（万元/人）	12.17	11.26
居民人均可支配收入（元/人）	28794	31316
R&D 人员（人年）	24054	23352
每万名就业人员中 R&D 人员（人年/万人）	79.21	64.70
普通高等学校在校学生数（人）	50213	50348
万人普通高等学校在校学生数（人/万人）	89.05	89.05
基础研究经费（亿元）	0.22	0.21
基础研究经费占 R&D 经费比重（%）	0.29	0.27
国家重点实验室数量（个）	0	0
中央级普通高等学校数量（个）	0	0
中央级科研院所数量（个）	0	0
国家工程技术研究中心数量（个）	0	0
规上工业企业 R&D 经费支出（亿元）	86.07	76.42
规上工业企业 R&D 经费支出占主营业务收入比重（%）	1.46	1.51
高新技术企业数（家）	339	404
高新技术企业主营业务收入（亿元）	1701.60	2038.93

襄阳市（2）

指标名称	2016 年	2017 年
高新技术企业主营业务收入占规上工业企业比重（%）	28.94	40.37
国家高新技术产业开发区营业收入（亿元）	2779.00	3152.71
国家高新技术产业开发区营业收入占地区 GDP 比重（%）	75.22	77.56
国家级科技企业孵化器数（个）	3	4
国家大学科技园数（个）	0	0
国家备案众创空间数（个）	0	2
国家级双创示范基地数（个）	0	0
国家级科技企业孵化器当年新增在孵企业数（家）	70	113
国家大学科技园当年新增在孵企业数（家）	0	0
技术合同成交额（亿元）	87.68	104.07
技术合同成交额占地区 GDP 比重（%）	2.37	2.56
国家国际科技合作基地数（个）	1	1
外国人才来华工作数（人次）	45	1
高技术产品出口额（百万美元）	62.59	80.93
高技术产品出口额占商品出口额比重（%）	5.41	6.33
实际使用外资金额（万美元）	82426	91560
实际使用外资金额占地区 GDP 比重（%）	1.48	1.52
空气质量优良率（%）	66.03	66.00
能源消费总量（万吨标准煤）	1812.00	1842.67
单位地区 GDP 能耗（吨标准煤/万元）	0.49	0.45
全社会用水总量（万立方米）	17046.11	15308.45
单位地区 GDP 水耗（立方米/万元）	4.61	3.77

长沙市（1）

指标名称	2016 年	2017 年
全社会 R&D 经费支出（亿元）	198.71	247.98
全社会 R&D 经费支出占地区 GDP 比重（%）	2.12	2.43
财政科技支出（亿元）	24.61	29.32
财政科技支出占公共财政支出比重（%）	2.36	2.48
科创板上市企业数量（家）	0	0
发明专利拥有量（件）	16885	20700
万人发明专利拥有量（件/万人）	22.09	26.14
全员劳动生产率（万元/人）	18.95	19.64
居民人均可支配收入（元/人）	43294	46948
R&D 人员（人年）	62704	67291
每万名就业人员中 R&D 人员（人年/万人）	126.98	129.45
普通高等学校在校学生数（人）	590020	610379
万人普通高等学校在校学生数（人/万人）	771.75	770.87
基础研究经费（亿元）	7.97	10.08
基础研究经费占 R&D 经费比重（%）	4.01	4.07
国家重点实验室数量（个）	10	10
中央级普通高等学校数量（个）	3	3
中央级科研院所数量（个）	3	3
国家工程技术研究中心数量（个）	14	14
规上工业企业 R&D 经费支出（亿元）	136.92	171.23
规上工业企业 R&D 经费支出占主营业务收入比重（%）	1.26	1.63
高新技术企业数（家）	1094	1579
高新技术企业主营业务收入（亿元）	5718.36	6943.76

长沙市（2）

指标名称	2016 年	2017 年
高新技术企业主营业务收入占规上工业企业比重（%）	52.56	66.12
国家高新技术产业开发区营业收入（亿元）	4133.98	5519.20
国家高新技术产业开发区营业收入占地区 GDP 比重（%）	44.18	54.06
国家级科技企业孵化器数（个）	11	12
国家大学科技园数（个）	0	0
国家备案众创空间数（个）	18	25
国家级双创示范基地数（个）	1	2
国家级科技企业孵化器当年新增在孵企业数（家）	365	340
国家大学科技园当年新增在孵企业数（家）	0	0
技术合同成交额（亿元）	24.10	103.50
技术合同成交额占地区 GDP 比重（%）	0.26	1.01
国家国际科技合作基地数（个）	12	15
外国人才来华工作数（人次）	313	522
高技术产品出口额（百万美元）	1410.97	1779.38
高技术产品出口额占商品出口额比重（%）	25.52	29.12
实际使用外资金额（万美元）	481384	525042
实际使用外资金额占地区 GDP 比重（%）	3.42	3.47
空气质量优良率（%）	72.88	71.78
能源消费总量（万吨标准煤）	497.00	514.25
单位地区 GDP 能耗（吨标准煤/万元）	0.05	0.05
全社会用水总量（万立方米）	60558.00	50166.86
单位地区 GDP 水耗（立方米/万元）	6.47	4.91

株洲市（1）

指标名称	2016 年	2017 年
全社会 R&D 经费支出（亿元）	47.30	52.41
全社会 R&D 经费支出占地区 GDP 比重（%）	1.90	2.07
财政科技支出（亿元）	6.61	12.00
财政科技支出占公共财政支出比重（%）	1.63	2.68
科创板上市企业数量（家）	0	0
发明专利拥有量（件）	3234	4086
万人发明专利拥有量（件/万人）	8.00	10.16
全员劳动生产率（万元/人）	8.80	8.92
居民人均可支配收入（元/人）	36828	39787
R&D 人员（人年）	9777	10182
每万名就业人员中 R&D 人员（人年/万人）	34.57	35.90
普通高等学校在校学生数（人）	94042	88946
万人普通高等学校在校学生数（人/万人）	232.64	221.18
基础研究经费（亿元）	0.22	0.26
基础研究经费占 R&D 经费比重（%）	0.46	0.50
国家重点实验室数量（个）	3	3
中央级普通高等学校数量（个）	0	0
中央级科研院所数量（个）	0	0
国家工程技术研究中心数量（个）	0	0
规上工业企业 R&D 经费支出（亿元）	43.83	37.42
规上工业企业 R&D 经费支出占主营业务收入比重（%）	1.36	1.20
高新技术企业数（家）	213	286
高新技术企业主营业务收入（亿元）	1538.02	1684.08

株洲市（2）

指标名称	2016 年	2017 年
高新技术企业主营业务收入占规上工业企业比重（%）	47.66	53.92
国家高新技术产业开发区营业收入（亿元）	1703.10	2164.88
国家高新技术产业开发区营业收入占地区 GDP 比重（%）	68.44	85.57
国家级科技企业孵化器数（个）	2	2
国家大学科技园数（个）	0	0
国家备案众创空间数（个）	4	6
国家级双创示范基地数（个）	0	0
国家级科技企业孵化器当年新增在孵企业数（家）	35	16
国家大学科技园当年新增在孵企业数（家）	0	0
技术合同成交额（亿元）	30.59	35.22
技术合同成交额占地区 GDP 比重（%）	1.23	1.39
国家国际科技合作基地数（个）	1	2
外国人才来华工作数（人次）	0	55
高技术产品出口额（百万美元）	108.61	144.23
高技术产品出口额占商品出口额比重（%）	9.05	9.99
实际使用外资金额（万美元）	105130	112542
实际使用外资金额占地区 GDP 比重（%）	2.81	3.00
空气质量优良率（%）	77.81	74.52
能源消费总量（万吨标准煤）	370.00	379.58
单位地区 GDP 能耗（吨标准煤/万元）	0.15	0.15
全社会用水总量（万立方米）	17414.99	18329.11
单位地区 GDP 水耗（立方米/万元）	7.00	7.24

衡阳市（1）

指标名称	2016 年	2017 年
全社会 R&D 经费支出（亿元）	23.49	30.12
全社会 R&D 经费支出占地区 GDP 比重（%）	0.82	1.03
财政科技支出（亿元）	2.14	3.24
财政科技支出占公共财政支出比重（%）	0.40	0.61
科创板上市企业数量（家）	0	0
发明专利拥有量（件）	843	1193
万人发明专利拥有量（件/万人）	1.16	1.66
全员劳动生产率（万元/人）	5.95	6.08
居民人均可支配收入（元/人）	28848	31300
R&D 人员（人年）	7856	8378
每万名就业人员中 R&D 人员（人年/万人）	16.37	17.43
普通高等学校在校学生数（人）	118657	159110
万人普通高等学校在校学生数（人/万人）	162.86	220.82
基础研究经费（亿元）	0.77	0.76
基础研究经费占 R&D 经费比重（%）	3.26	2.51
国家重点实验室数量（个）	0	0
中央级普通高等学校数量（个）	0	0
中央级科研院所数量（个）	0	0
国家工程技术研究中心数量（个）	0	0
规上工业企业 R&D 经费支出（亿元）	22.08	27.13
规上工业企业 R&D 经费支出占主营业务收入比重（%）	1.07	1.24
高新技术企业数（家）	92	141
高新技术企业主营业务收入（亿元）	456.18	553.40

衡阳市（2）

指标名称	2016 年	2017 年
高新技术企业主营业务收入占规上工业企业比重（%）	22.08	25.34
国家高新技术产业开发区营业收入（亿元）	718.82	698.88
国家高新技术产业开发区营业收入占地区 GDP 比重（%）	25.20	23.92
国家级科技企业孵化器数（个）	0	0
国家大学科技园数（个）	0	0
国家备案众创空间数（个）	0	0
国家级双创示范基地数（个）	0	0
国家级科技企业孵化器当年新增在孵企业数（家）	0	0
国家大学科技园当年新增在孵企业数（家）	0	0
技术合同成交额（亿元）	5.07	6.14
技术合同成交额占地区 GDP 比重（%）	0.18	0.21
国家国际科技合作基地数（个）	0	1
外国人才来华工作数（人次）	0	38
高技术产品出口额（百万美元）	12.59	405.92
高技术产品出口额占商品出口额比重（%）	0.77	15.84
实际使用外资金额（万美元）	114559	128314
实际使用外资金额占地区 GDP 比重（%）	2.67	2.97
空气质量优良率（%）	76.99	79.00
能源消费总量（万吨标准煤）	435.96	446.07
单位地区 GDP 能耗（吨标准煤/万元）	0.15	0.15
全社会用水总量（万立方米）	18299.40	16333.30
单位地区 GDP 水耗（立方米/万元）	6.41	5.59

呼和浩特市（1）

指标名称	2016 年	2017 年
全社会 R&D 经费支出（亿元）	29.96	33.14
全社会 R&D 经费支出占地区 GDP 比重（%）	0.94	0.99
财政科技支出（亿元）	4.28	3.66
财政科技支出占公共财政支出比重（%）	1.02	0.91
科创板上市企业数量（家）	0	0
发明专利拥有量（件）	1655	1861
万人发明专利拥有量（件/万人）	5.36	5.97
全员劳动生产率（万元/人）	17.05	18.04
居民人均可支配收入（元/人）	40220	43518
R&D 人员（人年）	8574	7788
每万名就业人员中 R&D 人员（人年/万人）	46.05	42.16
普通高等学校在校学生数（人）	237734	239330
万人普通高等学校在校学生数（人/万人）	769.69	768.36
基础研究经费（亿元）	2.36	2.01
基础研究经费占 R&D 经费比重（%）	7.89	6.07
国家重点实验室数量（个）	1	1
中央级普通高等学校数量（个）	0	0
中央级科研院所数量（个）	3	3
国家工程技术研究中心数量（个）	1	1
规上工业企业 R&D 经费支出（亿元）	17.90	19.09
规上工业企业 R&D 经费支出占主营业务收入比重（%）	1.01	0.78
高新技术企业数（家）	131	194
高新技术企业主营业务收入（亿元）	280.04	497.77

呼和浩特市（2）

指标名称	2016 年	2017 年
高新技术企业主营业务收入占规上工业企业比重（%）	15.82	20.32
国家高新技术产业开发区营业收入（亿元）	631.32	702.61
国家高新技术产业开发区营业收入占地区 GDP 比重（%）	19.89	21.09
国家级科技企业孵化器数（个）	2	2
国家大学科技园数（个）	0	0
国家备案众创空间数（个）	6	12
国家级双创示范基地数（个）	0	0
国家级科技企业孵化器当年新增在孵企业数（家）	66	32
国家大学科技园当年新增在孵企业数（家）	0	0
技术合同成交额（亿元）	5.31	9.69
技术合同成交额占地区 GDP 比重（%）	0.17	0.29
国家国际科技合作基地数（个）	3	3
外国人才来华工作数（人次）	59	66
高技术产品出口额（百万美元）	448.63	433.42
高技术产品出口额占商品出口额比重（%）	22.28	19.88
实际使用外资金额（万美元）	87935	36775
实际使用外资金额占地区 GDP 比重（%）	1.84	0.75
空气质量优良率（%）	77.53	69.86
能源消费总量（万吨标准煤）	1542.54	1649.40
单位地区 GDP 能耗（吨标准煤/万元）	0.49	0.49
全社会用水总量（万立方米）	14818.57	16885.00
单位地区 GDP 水耗（立方米/万元）	4.67	5.07

包头市（1）

指标名称	2016 年	2017 年
全社会 R&D 经费支出（亿元）	60.66	45.18
全社会 R&D 经费支出占地区 GDP 比重（%）	1.57	1.11
财政科技支出（亿元）	5.84	3.92
财政科技支出占公共财政支出比重（%）	1.41	1.19
科创板上市企业数量（家）	0	0
发明专利拥有量（件）	955	1208
万人发明专利拥有量（件/万人）	3.34	4.20
全员劳动生产率（万元/人）	23.66	24.70
居民人均可支配收入（元/人）	40955	44231
R&D 人员（人年）	18751	14918
每万名就业人员中 R&D 人员（人年/万人）	114.72	90.31
普通高等学校在校学生数（人）	80246	75977
万人普通高等学校在校学生数（人/万人）	280.83	264.02
基础研究经费（亿元）	0.18	0.39
基础研究经费占 R&D 经费比重（%）	0.29	0.86
国家重点实验室数量（个）	2	2
中央级普通高等学校数量（个）	0	0
中央级科研院所数量（个）	0	0
国家工程技术研究中心数量（个）	0	0
规上工业企业 R&D 经费支出（亿元）	47.98	39.03
规上工业企业 R&D 经费支出占主营业务收入比重（%）	1.39	1.87
高新技术企业数（家）	70	105
高新技术企业主营业务收入（亿元）	316.26	570.93

包头市（2）

指标名称	2016 年	2017 年
高新技术企业主营业务收入占规上工业企业比重（%）	9.17	27.42
国家高新技术产业开发区营业收入（亿元）	1060.36	1091.45
国家高新技术产业开发区营业收入占地区 GDP 比重（%）	27.42	26.75
国家级科技企业孵化器数（个）	3	3
国家大学科技园数（个）	0	0
国家备案众创空间数（个）	8	11
国家级双创示范基地数（个）	0	1
国家级科技企业孵化器当年新增在孵企业数（家）	87	82
国家大学科技园当年新增在孵企业数（家）	0	0
技术合同成交额（亿元）	0.24	0.60
技术合同成交额占地区 GDP 比重（%）	0.01	0.01
国家国际科技合作基地数（个）	1	1
外国人才来华工作数（人次）	47	86
高技术产品出口额（百万美元）	1.86	3.00
高技术产品出口额占商品出口额比重（%）	0.19	0.25
实际使用外资金额（万美元）	101035	20400
实际使用外资金额占地区 GDP 比重（%）	1.74	0.34
空气质量优良率（%）	73.70	75.89
能源消费总量（万吨标准煤）	4154.06	4197.70
单位地区 GDP 能耗（吨标准煤/万元）	1.07	1.03
全社会用水总量（万立方米）	17979.42	18842.67
单位地区 GDP 水耗（立方米/万元）	4.65	4.62

南宁市（1）

指标名称	2016 年	2017 年
全社会 R&D 经费支出（亿元）	38.10	47.72
全社会 R&D 经费支出占地区 GDP 比重（%）	1.03	1.16
财政科技支出（亿元）	5.16	6.44
财政科技支出占公共财政支出比重（%）	0.88	1.00
科创板上市企业数量（家）	0	0
发明专利拥有量（件）	4648	5788
万人发明专利拥有量（件/万人）	6.58	8.09
全员劳动生产率（万元/人）	7.97	8.45
居民人均可支配收入（元/人）	30728	33217
R&D 人员（人年）	18730	18599
每万名就业人员中 R&D 人员（人年/万人）	40.32	38.17
普通高等学校在校学生数（人）	400531	425726
万人普通高等学校在校学生数（人/万人）	567.15	595.15
基础研究经费（亿元）	7.88	11.33
基础研究经费占 R&D 经费比重（%）	20.69	23.75
国家重点实验室数量（个）	2	2
中央级普通高等学校数量（个）	0	0
中央级科研院所数量（个）	0	0
国家工程技术研究中心数量（个）	1	1
规上工业企业 R&D 经费支出（亿元）	12.06	15.95
规上工业企业 R&D 经费支出占主营业务收入比重（%）	0.36	0.46
高新技术企业数（家）	299	446
高新技术企业主营业务收入（亿元）	666.73	963.39

南宁市（2）

指标名称	2016 年	2017 年
高新技术企业主营业务收入占规上工业企业比重（%）	20.12	27.70
国家高新技术产业开发区营业收入（亿元）	1836.36	2542.07
国家高新技术产业开发区营业收入占地区 GDP 比重（%）	49.59	61.72
国家级科技企业孵化器数（个）	3	5
国家大学科技园数（个）	0	0
国家备案众创空间数（个）	2	5
国家级双创示范基地数（个）	0	1
国家级科技企业孵化器当年新增在孵企业数（家）	82	212
国家大学科技园当年新增在孵企业数（家）	0	0
技术合同成交额（亿元）	19.15	25.51
技术合同成交额占地区 GDP 比重（%）	0.52	0.62
国家国际科技合作基地数（个）	10	11
外国人才来华工作数（人次）	316	352
高技术产品出口额（百万美元）	1810.92	2829.51
高技术产品出口额占商品出口额比重（%）	47.99	57.05
实际使用外资金额（万美元）	15959	22642
实际使用外资金额占地区 GDP 比重（%）	0.29	0.37
空气质量优良率（%）	95.34	92.33
能源消费总量（万吨标准煤）	1172.91	1203.27
单位地区 GDP 能耗（吨标准煤/万元）	0.32	0.29
全社会用水总量（万立方米）	55445.34	56208.48
单位地区 GDP 水耗（立方米/万元）	14.97	13.65

成都市（1）

指标名称	2016 年	2017 年
全社会 R&D 经费支出（亿元）	289.07	331.26
全社会 R&D 经费支出占地区 GDP 比重（%）	2.38	2.38
财政科技支出（亿元）	46.20	53.26
财政科技支出占公共财政支出比重（%）	2.90	3.03
科创板上市企业数量（家）	0	0
发明专利拥有量（件）	25198	30522
万人发明专利拥有量（件/万人）	15.83	19.02
全员劳动生产率（万元/人）	10.22	11.37
居民人均可支配收入（元/人）	35902	38918
R&D 人员（人年）	53927	67430
每万名就业人员中 R&D 人员（人年/万人）	45.30	55.18
普通高等学校在校学生数（人）	791593	817432
万人普通高等学校在校学生数（人/万人）	497.31	509.47
基础研究经费（亿元）	17.94	22.65
基础研究经费占 R&D 经费比重（%）	6.21	6.84
国家重点实验室数量（个）	10	10
中央级普通高等学校数量（个）	5	5
中央级科研院所数量（个）	5	5
国家工程技术研究中心数量（个）	9	9
规上工业企业 R&D 经费支出（亿元）	95.40	115.55
规上工业企业 R&D 经费支出占主营业务收入比重（%）	0.80	0.93
高新技术企业数（家）	2050	2405
高新技术企业主营业务收入（亿元）	3327.13	3986.81

成都市（2）

指标名称	2016 年	2017 年
高新技术企业主营业务收入占规上工业企业比重（%）	28.04	31.92
国家高新技术产业开发区营业收入（亿元）	4335.11	5927.59
国家高新技术产业开发区营业收入占地区 GDP 比重（%）	35.62	42.68
国家级科技企业孵化器数（个）	15	16
国家大学科技园数（个）	4	4
国家备案众创空间数（个）	36	44
国家级双创示范基地数（个）	2	3
国家级科技企业孵化器当年新增在孵企业数（家）	635	696
国家大学科技园当年新增在孵企业数（家）	113	123
技术合同成交额（亿元）	271.66	362.74
技术合同成交额占地区 GDP 比重（%）	2.23	2.61
国家国际科技合作基地数（个）	17	19
外国人才来华工作数（人次）	2773	4031
高技术产品出口额（百万美元）	14709.36	23906.64
高技术产品出口额占商品出口额比重（%）	73.21	81.54
实际使用外资金额（万美元）	600453	1004100
实际使用外资金额占地区 GDP 比重（%）	3.28	4.88
空气质量优良率（%）	58.63	64.38
能源消费总量（万吨标准煤）	4951.00	4931.96
单位地区 GDP 能耗（吨标准煤/万元）	0.41	0.36
全社会用水总量（万立方米）	111813.14	110952.80
单位地区 GDP 水耗（立方米/万元）	9.19	7.99

贵阳市（1）

指标名称	2016 年	2017 年
全社会 R&D 经费支出（亿元）	36.03	47.55
全社会 R&D 经费支出占地区 GDP 比重（%）	1.14	1.34
财政科技支出（亿元）	17.26	16.65
财政科技支出占公共财政支出比重（%）	3.29	2.86
科创板上市企业数量（家）	0	0
发明专利拥有量（件）	4647	5262
万人发明专利拥有量（件/万人）	9.89	10.96
全员劳动生产率（万元/人）	12.41	12.97
居民人均可支配收入（元/人）	29502	32186
R&D 人员（人年）	15084	16263
每万名就业人员中 R&D 人员（人年/万人）	59.27	59.60
普通高等学校在校学生数（人）	404401	349952
万人普通高等学校在校学生数（人/万人）	861.01	728.76
基础研究经费（亿元）	5.98	6.22
基础研究经费占 R&D 经费比重（%）	16.58	13.08
国家重点实验室数量（个）	4	4
中央级普通高等学校数量（个）	0	0
中央级科研院所数量（个）	1	1
国家工程技术研究中心数量（个）	5	5
规上工业企业 R&D 经费支出（亿元）	22.98	27.74
规上工业企业 R&D 经费支出占主营业务收入比重（%）	0.84	0.89
高新技术企业数（家）	290	433
高新技术企业主营业务收入（亿元）	840.85	1077.89

贵阳市（2）

指标名称	2016 年	2017 年
高新技术企业主营业务收入占规上工业企业比重（%）	30.76	34.76
国家高新技术产业开发区营业收入（亿元）	2347.54	3116.90
国家高新技术产业开发区营业收入占地区 GDP 比重（%）	74.34	88.10
国家级科技企业孵化器数（个）	3	3
国家大学科技园数（个）	2	2
国家备案众创空间数（个）	15	17
国家级双创示范基地数（个）	1	2
国家级科技企业孵化器当年新增在孵企业数（家）	156	133
国家大学科技园当年新增在孵企业数（家）	81	49
技术合同成交额（亿元）	16.62	43.98
技术合同成交额占地区 GDP 比重（%）	0.53	1.24
国家国际科技合作基地数（个）	4	5
外国人才来华工作数（人次）	235	334
高技术产品出口额（百万美元）	418.27	1631.79
高技术产品出口额占商品出口额比重（%）	15.83	44.08
实际使用外资金额（万美元）	111988	134540
实际使用外资金额占地区 GDP 比重（%）	2.36	2.57
空气质量优良率（%）	95.89	95.07
能源消费总量（万吨标准煤）	2181.45	2211.79
单位地区 GDP 能耗（吨标准煤/万元）	0.69	0.63
全社会用水总量（万立方米）	34350.09	34992.73
单位地区 GDP 水耗（立方米/万元）	10.88	9.89

遵义市（1）

指标名称	2016 年	2017 年
全社会 R&D 经费支出（亿元）	8.80	11.24
全社会 R&D 经费支出占地区 GDP 比重（%）	0.37	0.41
财政科技支出（亿元）	6.13	7.79
财政科技支出占公共财政支出比重（%）	1.17	1.22
科创板上市企业数量（家）	0	0
发明专利拥有量（件）	951	1191
万人发明专利拥有量（件/万人）	1.53	1.91
全员劳动生产率（万元/人）	4.96	5.99
居民人均可支配收入（元/人）	29097	29617
R&D 人员（人年）	3743	4924
每万名就业人员中 R&D 人员（人年/万人）	7.72	10.72
普通高等学校在校学生数（人）	86535	68028
万人普通高等学校在校学生数（人/万人）	138.94	108.87
基础研究经费（亿元）	0.53	1.21
基础研究经费占 R&D 经费比重（%）	6.08	10.76
国家重点实验室数量（个）	0	0
中央级普通高等学校数量（个）	0	0
中央级科研院所数量（个）	0	0
国家工程技术研究中心数量（个）	0	0
规上工业企业 R&D 经费支出（亿元）	7.87	8.49
规上工业企业 R&D 经费支出占主营业务收入比重（%）	0.38	0.38
高新技术企业数（家）	91	117
高新技术企业主营业务收入（亿元）	101.52	228.80

遵义市（2）

指标名称	2016 年	2017 年
高新技术企业主营业务收入占规上工业企业比重（%）	4.87	10.35
国家高新技术产业开发区营业收入（亿元）	0.00	0.00
国家高新技术产业开发区营业收入占地区 GDP 比重（%）	0.00	0.00
国家级科技企业孵化器数（个）	0	1
国家大学科技园数（个）	0	0
国家备案众创空间数（个）	1	2
国家级双创示范基地数（个）	0	1
国家级科技企业孵化器当年新增在孵企业数（家）	0	62
国家大学科技园当年新增在孵企业数（家）	0	0
技术合同成交额（亿元）	1.14	6.86
技术合同成交额占地区 GDP 比重（%）	0.05	0.25
国家国际科技合作基地数（个）	0	0
外国人才来华工作数（人次）	29	44
高技术产品出口额（百万美元）	804.06	1045.03
高技术产品出口额占商品出口额比重（%）	91.00	91.38
实际使用外资金额（万美元）	36610	39125
实际使用外资金额占地区 GDP 比重（%）	1.01	0.96
空气质量优良率（%）	92.88	94.25
能源消费总量（万吨标准煤）	1706.52	1761.63
单位地区 GDP 能耗（吨标准煤/万元）	0.71	0.64
全社会用水总量（万立方米）	6324.00	8620.17
单位地区 GDP 水耗（立方米/万元）	2.63	3.14

昆明市（1）

指标名称	2016 年	2017 年
全社会 R&D 经费支出（亿元）	82.38	91.46
全社会 R&D 经费支出占地区 GDP 比重（%）	1.92	1.88
财政科技支出（亿元）	15.16	16.89
财政科技支出占公共财政支出比重（%）	2.20	2.18
科创板上市企业数量（家）	0	0
发明专利拥有量（件）	6374	7578
万人发明专利拥有量（件/万人）	9.47	11.17
全员劳动生产率（万元/人）	9.42	10.95
居民人均可支配收入（元/人）	36739	39788
R&D 人员（人年）	27655	29444
每万名就业人员中 R&D 人员（人年/万人）	60.59	66.39
普通高等学校在校学生数（人）	465464	503538
万人普通高等学校在校学生数（人/万人）	691.83	742.35
基础研究经费（亿元）	11.06	11.94
基础研究经费占 R&D 经费比重（%）	13.42	13.05
国家重点实验室数量（个）	4	4
中央级普通高等学校数量（个）	0	0
中央级科研院所数量（个）	5	5
国家工程技术研究中心数量（个）	4	4
规上工业企业 R&D 经费支出（亿元）	35.53	36.81
规上工业企业 R&D 经费支出占主营业务收入比重（%）	1.14	0.98
高新技术企业数（家）	693	805
高新技术企业主营业务收入（亿元）	2410.43	2580.26

昆明市（2）

指标名称	2016 年	2017 年
高新技术企业主营业务收入占规上工业企业比重（%）	77.53	68.56
国家高新技术产业开发区营业收入（亿元）	1198.70	2078.74
国家高新技术产业开发区营业收入占地区 GDP 比重（%）	27.88	42.79
国家级科技企业孵化器数（个）	10	11
国家大学科技园数（个）	2	2
国家备案众创空间数（个）	22	25
国家级双创示范基地数（个）	0	1
国家级科技企业孵化器当年新增在孵企业数（家）	380	329
国家大学科技园当年新增在孵企业数（家）	34	26
技术合同成交额（亿元）	44.76	70.08
技术合同成交额占地区 GDP 比重（%）	1.04	1.44
国家国际科技合作基地数（个）	14	16
外国人才来华工作数（人次）	703	1042
高技术产品出口额（百万美元）	448.92	357.54
高技术产品出口额占商品出口额比重（%）	10.70	9.83
实际使用外资金额（万美元）	73996	80133
实际使用外资金额占地区 GDP 比重（%）	1.14	1.11
空气质量优良率（%）	99.18	98.63
能源消费总量（万吨标准煤）	1396.00	2457.74
单位地区 GDP 能耗（吨标准煤/万元）	0.32	0.51
全社会用水总量（万立方米）	44967.67	44531.81
单位地区 GDP 水耗（立方米/万元）	10.46	9.17

玉溪市（1）

指标名称	2016 年	2017 年
全社会 R&D 经费支出（亿元）	5.82	9.09
全社会 R&D 经费支出占地区 GDP 比重（%）	0.44	0.64
财政科技支出（亿元）	3.10	5.80
财政科技支出占公共财政支出比重（%）	1.33	2.21
科创板上市企业数量（家）	0	0
发明专利拥有量（件）	744	799
万人发明专利拥有量（件/万人）	3.13	3.36
全员劳动生产率（万元/人）	7.27	8.19
居民人均可支配收入（元/人）	32177	34880
R&D 人员（人年）	1116	2243
每万名就业人员中 R&D 人员（人年/万人）	6.18	12.97
普通高等学校在校学生数（人）	15687	16148
万人普通高等学校在校学生数（人/万人）	66.05	67.82
基础研究经费（亿元）	0.00	0.07
基础研究经费占 R&D 经费比重（%）	0.08	0.82
国家重点实验室数量（个）	0	0
中央级普通高等学校数量（个）	0	0
中央级科研院所数量（个）	0	0
国家工程技术研究中心数量（个）	0	0
规上工业企业 R&D 经费支出（亿元）	4.92	7.98
规上工业企业 R&D 经费支出占主营业务收入比重（%）	0.41	0.57
高新技术企业数（家）	85	91
高新技术企业主营业务收入（亿元）	163.81	211.74

玉溪市（2）

指标名称	2016 年	2017 年
高新技术企业主营业务收入占规上工业企业比重（%）	13.53	15.18
国家高新技术产业开发区营业收入（亿元）	670.03	813.69
国家高新技术产业开发区营业收入占地区 GDP 比重（%）	51.07	57.50
国家级科技企业孵化器数（个）	0	0
国家大学科技园数（个）	0	0
国家备案众创空间数（个）	0	2
国家级双创示范基地数（个）	0	0
国家级科技企业孵化器当年新增在孵企业数（家）	0	0
国家大学科技园当年新增在孵企业数（家）	0	0
技术合同成交额（亿元）	0.66	1.36
技术合同成交额占地区 GDP 比重（%）	0.05	0.10
国家国际科技合作基地数（个）	0	0
外国人才来华工作数（人次）	20	37
高技术产品出口额（百万美元）	10.01	7.21
高技术产品出口额占商品出口额比重（%）	1.15	0.86
实际使用外资金额（万美元）	117	1133
实际使用外资金额占地区 GDP 比重（%）	0.01	0.05
空气质量优良率（%）	100.00	99.18
能源消费总量（万吨标准煤）	1137.03	1148.36
单位地区 GDP 能耗（吨标准煤/万元）	0.87	0.81
全社会用水总量（万立方米）	3256.71	3517.85
单位地区 GDP 水耗（立方米/万元）	2.48	2.49

拉萨市（1）

指标名称	2016 年	2017 年
全社会 R&D 经费支出（亿元）	0.21	0.25
全社会 R&D 经费支出占地区 GDP 比重（%）	0.05	0.05
财政科技支出（亿元）	0.88	3.29
财政科技支出占公共财政支出比重（%）	0.36	1.28
科创板上市企业数量（家）	0	0
发明专利拥有量（件）	295	437
万人发明专利拥有量（件/万人）	4.43	6.35
全员劳动生产率（万元/人）	5.13	11.08
居民人均可支配收入（元/人）	29383	32408
R&D 人员（人年）	1729	1927
每万名就业人员中 R&D 人员（人年/万人）	20.88	44.56
普通高等学校在校学生数（人）	37205	20404
万人普通高等学校在校学生数（人/万人）	559.22	296.44
基础研究经费（亿元）	0	0
基础研究经费占 R&D 经费比重（%）	0	0
国家重点实验室数量（个）	0	0
中央级普通高等学校数量（个）	0	0
中央级科研院所数量（个）	0	0
国家工程技术研究中心数量（个）	0	0
规上工业企业 R&D 经费支出（亿元）	0.21	0.17
规上工业企业 R&D 经费支出占主营业务收入比重（%）	0.25	0.11
高新技术企业数（家）	20	27
高新技术企业主营业务收入（亿元）	49.42	74.93

拉萨市（2）

指标名称	2016 年	2017 年
高新技术企业主营业务收入占规上工业企业比重（%）	58.27	49.57
国家高新技术产业开发区营业收入（亿元）	0.00	0.00
国家高新技术产业开发区营业收入占地区 GDP 比重（%）	0.00	0.00
国家级科技企业孵化器数（个）	1	1
国家大学科技园数（个）	0	0
国家备案众创空间数（个）	0	0
国家级双创示范基地数（个）	0	1
国家级科技企业孵化器当年新增在孵企业数（家）	0	10
国家大学科技园当年新增在孵企业数（家）	0	0
技术合同成交额（亿元）	0.00	0.04
技术合同成交额占地区 GDP 比重（%）	0.00	0.01
国家国际科技合作基地数（个）	1	1
外国人才来华工作数（人次）	0	31
高技术产品出口额（百万美元）	8.26	11.70
高技术产品出口额占商品出口额比重（%）	1.91	3.26
实际使用外资金额（万美元）	0	778
实际使用外资金额占地区 GDP 比重（%）	0.00	0.11
空气质量优良率（%）	85.75	98.90
能源消费总量（万吨标准煤）	43.00	55.35
单位地区 GDP 能耗（吨标准煤/万元）	0.10	0.12
全社会用水总量（万立方米）	13181.00	7009.59
单位地区 GDP 水耗（立方米/万元）	31.02	14.63

西安市（1）

指标名称	2016 年	2017 年
全社会 R&D 经费支出（亿元）	325.56	360.17
全社会 R&D 经费支出占地区 GDP 比重（%）	5.20	4.82
财政科技支出（亿元）	27.48	45.28
财政科技支出占公共财政支出比重（%）	2.92	4.33
科创板上市企业数量（家）	0	2
发明专利拥有量（件）	24368	30184
万人发明专利拥有量（件/万人）	27.59	31.39
全员劳动生产率（万元/人）	11.60	12.53
居民人均可支配收入（元/人）	35630	38536
R&D 人员（人年）	49982	52491
每万名就业人员中 R&D 人员（人年/万人）	92.70	88.04
普通高等学校在校学生数（人）	831569	726752
万人普通高等学校在校学生数（人/万人）	941.53	755.72
基础研究经费（亿元）	16.13	16.54
基础研究经费占 R&D 经费比重（%）	4.95	4.59
国家重点实验室数量（个）	17	17
中央级普通高等学校数量（个）	5	5
中央级科研院所数量（个）	4	4
国家工程技术研究中心数量（个）	2	2
规上工业企业 R&D 经费支出（亿元）	100.53	110.47
规上工业企业 R&D 经费支出占主营业务收入比重（%）	2.00	2.18
高新技术企业数（家）	1495	1828
高新技术企业主营业务收入（亿元）	2873.51	3871.50

西安市（2）

指标名称	2016 年	2017 年
高新技术企业主营业务收入占规上工业企业比重（%）	57.15	76.57
国家高新技术产业开发区营业收入（亿元）	7072.35	11229.68
国家高新技术产业开发区营业收入占地区 GDP 比重（%）	113.03	150.29
国家级科技企业孵化器数（个）	21	22
国家大学科技园数（个）	3	3
国家备案众创空间数（个）	39	54
国家级双创示范基地数（个）	1	3
国家级科技企业孵化器当年新增在孵企业数（家）	403	452
国家大学科技园当年新增在孵企业数（家）	35	58
技术合同成交额（亿元）	732.81	848.42
技术合同成交额占地区 GDP 比重（%）	11.71	11.35
国家国际科技合作基地数（个）	17	21
外国人才来华工作数（人次）	713	1827
高技术产品出口额（百万美元）	11403.85	18890.57
高技术产品出口额占商品出口额比重（%）	81.55	85.71
实际使用外资金额（万美元）	450466	530681
实际使用外资金额占地区 GDP 比重（%）	4.78	4.80
空气质量优良率（%）	52.60	49.32
能源消费总量（万吨标准煤）	—	2813.62
单位地区 GDP 能耗（吨标准煤/万元）	—	0.38
全社会用水总量（万立方米）	57396.00	87740.72
单位地区 GDP 水耗（立方米/万元）	9.17	11.74

宝鸡市（1）

指标名称	2016 年	2017 年
全社会 R&D 经费支出（亿元）	29.64	28.81
全社会 R&D 经费支出占地区 GDP 比重（%）	1.53	1.31
财政科技支出（亿元）	3.44	4.28
财政科技支出占公共财政支出比重（%）	1.22	1.40
科创板上市企业数量（家）	0	0
发明专利拥有量（件）	862	992
万人发明专利拥有量（件/万人）	2.28	2.62
全员劳动生产率（万元/人）	10.59	12.43
居民人均可支配收入（元/人）	31370	34351
R&D 人员（人年）	7662	6581
每万名就业人员中 R&D 人员（人年/万人）	42.00	37.33
普通高等学校在校学生数（人）	32096	34075
万人普通高等学校在校学生数（人/万人）	85.02	90.12
基础研究经费（亿元）	0.08	0.20
基础研究经费占 R&D 经费比重（%）	0.25	0.71
国家重点实验室数量（个）	0	0
中央级普通高等学校数量（个）	0	0
中央级科研院所数量（个）	0	0
国家工程技术研究中心数量（个）	2	2
规上工业企业 R&D 经费支出（亿元）	29.00	28.81
规上工业企业 R&D 经费支出占主营业务收入比重（%）	1.25	1.09
高新技术企业数（家）	123	122
高新技术企业主营业务收入（亿元）	839.60	953.70

宝鸡市（2）

指标名称	2016 年	2017 年
高新技术企业主营业务收入占规上工业企业比重（%）	36.07	36.03
国家高新技术产业开发区营业收入（亿元）	1329.09	2047.03
国家高新技术产业开发区营业收入占地区 GDP 比重（%）	68.79	93.40
国家级科技企业孵化器数（个）	2	3
国家大学科技园数（个）	0	0
国家备案众创空间数（个）	0	2
国家级双创示范基地数（个）	0	0
国家级科技企业孵化器当年新增在孵企业数（家）	62	47
国家大学科技园当年新增在孵企业数（家）	0	0
技术合同成交额（亿元）	22.59	25.05
技术合同成交额占地区 GDP 比重（%）	1.17	1.14
国家国际科技合作基地数（个）	1	1
外国人才来华工作数（人次）	—	—
高技术产品出口额（百万美元）	20.41	39.07
高技术产品出口额占商品出口额比重（%）	2.47	7.53
实际使用外资金额（万美元）	572	7227
实际使用外资金额占地区 GDP 比重（%）	0.02	0.22
空气质量优良率（%）	65.48	67.67
能源消费总量（万吨标准煤）	1009.00	1036.11
单位地区 GDP 能耗（吨标准煤/万元）	0.52	0.47
全社会用水总量（万立方米）	7486.00	7454.65
单位地区 GDP 水耗（立方米/万元）	3.87	3.40

汉中市（1）

指标名称	2016 年	2017 年
全社会 R&D 经费支出（亿元）	10.91	10.53
全社会 R&D 经费支出占地区 GDP 比重（%）	0.94	0.79
财政科技支出（亿元）	1.73	1.82
财政科技支出占公共财政支出比重（%）	0.62	0.58
科创板上市企业数量（家）	0	0
发明专利拥有量（件）	297	372
万人发明专利拥有量（件/万人）	0.86	1.08
全员劳动生产率（万元/人）	5.57	6.70
居民人均可支配收入（元/人）	25595	27812
R&D 人员（人年）	2868	3678
每万名就业人员中 R&D 人员（人年/万人）	13.82	18.49
普通高等学校在校学生数（人）	42020	46200
万人普通高等学校在校学生数（人/万人）	121.93	133.94
基础研究经费（亿元）	0.16	0.25
基础研究经费占 R&D 经费比重（%）	1.44	2.34
国家重点实验室数量（个）	0	0
中央级普通高等学校数量（个）	0	0
中央级科研院所数量（个）	0	0
国家工程技术研究中心数量（个）	0	0
规上工业企业 R&D 经费支出（亿元）	10.53	9.29
规上工业企业 R&D 经费支出占主营业务收入比重（%）	0.91	0.79
高新技术企业数（家）	23	28
高新技术企业主营业务收入（亿元）	180.68	162.22

汉中市（2）

指标名称	2016 年	2017 年
高新技术企业主营业务收入占规上工业企业比重（%）	15.55	13.74
国家高新技术产业开发区营业收入（亿元）	0.00	0.00
国家高新技术产业开发区营业收入占地区 GDP 比重（%）	0.00	0.00
国家级科技企业孵化器数（个）	0	0
国家大学科技园数（个）	0	0
国家备案众创空间数（个）	0	0
国家级双创示范基地数（个）	0	0
国家级科技企业孵化器当年新增在孵企业数（家）	0	0
国家大学科技园当年新增在孵企业数（家）	0	0
技术合同成交额（亿元）	6.17	1.78
技术合同成交额占地区 GDP 比重（%）	0.53	0.13
国家国际科技合作基地数（个）	0	0
外国人才来华工作数（人次）	—	—
高技术产品出口额（百万美元）	58.95	65.57
高技术产品出口额占商品出口额比重（%）	52.02	52.57
实际使用外资金额（万美元）	2013	3323
实际使用外资金额占地区 GDP 比重（%）	0.12	0.17
空气质量优良率（%）	73.97	87.95
能源消费总量（万吨标准煤）	872.00	918.43
单位地区 GDP 能耗（吨标准煤/万元）	0.75	0.69
全社会用水总量（万立方米）	2938.72	2984.45
单位地区 GDP 水耗（立方米/万元）	2.54	2.24

兰州市（1）

指标名称	2016 年	2017 年
全社会 R&D 经费支出（亿元）	40.95	46.91
全社会 R&D 经费支出占地区 GDP 比重（%）	1.81	1.88
财政科技支出（亿元）	4.52	6.79
财政科技支出占公共财政支出比重（%）	1.06	1.58
科创板上市企业数量（家）	0	0
发明专利拥有量（件）	3425	4013
万人发明专利拥有量（件/万人）	9.24	10.76
全员劳动生产率（万元/人）	10.30	10.82
居民人均可支配收入（元/人）	29661	32331
R&D 人员（人年）	16507	16691
每万名就业人员中 R&D 人员（人年/万人）	75.08	72.23
普通高等学校在校学生数（人）	424842	406279
万人普通高等学校在校学生数（人/万人）	1146.52	1089.34
基础研究经费（亿元）	12.43	12.20
基础研究经费占 R&D 经费比重（%）	30.35	26.02
国家重点实验室数量（个）	7	7
中央级普通高等学校数量（个）	2	2
中央级科研院所数量（个）	6	6
国家工程技术研究中心数量（个）	2	2
规上工业企业 R&D 经费支出（亿元）	8.87	10.11
规上工业企业 R&D 经费支出占主营业务收入比重（%）	0.55	0.47
高新技术企业数（家）	229	303
高新技术企业主营业务收入（亿元）	306.79	659.68

兰州市（2）

指标名称	2016 年	2017 年
高新技术企业主营业务收入占规上工业企业比重（%）	18.97	30.74
国家高新技术产业开发区营业收入（亿元）	1405.45	1946.24
国家高新技术产业开发区营业收入占地区 GDP 比重（%）	62.07	77.82
国家级科技企业孵化器数（个）	5	6
国家大学科技园数（个）	3	3
国家备案众创空间数（个）	13	23
国家级双创示范基地数（个）	0	1
国家级科技企业孵化器当年新增在孵企业数（家）	213	185
国家大学科技园当年新增在孵企业数（家）	51	28
技术合同成交额（亿元）	48.43	56.59
技术合同成交额占地区 GDP 比重（%）	2.14	2.26
国家国际科技合作基地数（个）	15	17
外国人才来华工作数（人次）	0	35
高技术产品出口额（百万美元）	286.00	45.65
高技术产品出口额占商品出口额比重（%）	24.42	5.09
实际使用外资金额（万美元）	33753	10035
实际使用外资金额占地区 GDP 比重（%）	0.99	0.27
空气质量优良率（%）	66.58	63.56
能源消费总量（万吨标准煤）	1515.00	1699.58
单位地区 GDP 能耗（吨标准煤/万元）	0.67	0.68
全社会用水总量（万立方米）	24059.31	26385.62
单位地区 GDP 水耗（立方米/万元）	10.63	10.55

西宁市（1）

指标名称	2016 年	2017 年
全社会 R&D 经费支出（亿元）	9.01	10.55
全社会 R&D 经费支出占地区 GDP 比重（%）	0.72	0.82
财政科技支出（亿元）	1.50	1.57
财政科技支出占公共财政支出比重（%）	0.52	0.54
科创板上市企业数量（家）	0	0
发明专利拥有量（件）	764	1008
万人发明专利拥有量（件/万人）	3.27	4.28
全员劳动生产率（万元/人）	9.21	9.51
居民人均可支配收入（元/人）	27539	30043
R&D 人员（人年）	3273	3564
每万名就业人员中 R&D 人员（人年/万人）	24.14	26.38
普通高等学校在校学生数（人）	71464	74222
万人普通高等学校在校学生数（人/万人）	306.23	315.17
基础研究经费（亿元）	2.44	2.16
基础研究经费占 R&D 经费比重（%）	27.13	20.44
国家重点实验室数量（个）	1	1
中央级普通高等学校数量（个）	0	0
中央级科研院所数量（个）	2	2
国家工程技术研究中心数量（个）	0	0
规上工业企业 R&D 经费支出（亿元）	4.77	5.15
规上工业企业 R&D 经费支出占主营业务收入比重（%）	0.38	0.41
高新技术企业数（家）	105	118
高新技术企业主营业务收入（亿元）	325.14	401.28

西宁市（2）

指标名称	2016 年	2017 年
高新技术企业主营业务收入占规上工业企业比重（%）	25.97	31.57
国家高新技术产业开发区营业收入（亿元）	107.81	104.58
国家高新技术产业开发区营业收入占地区 GDP 比重（%）	8.64	8.14
国家级科技企业孵化器数（个）	4	4
国家大学科技园数（个）	0	0
国家备案众创空间数（个）	4	4
国家级双创示范基地数（个）	0	1
国家级科技企业孵化器当年新增在孵企业数（家）	56	45
国家大学科技园当年新增在孵企业数（家）	0	0
技术合同成交额（亿元）	56.91	67.67
技术合同成交额占地区 GDP 比重（%）	4.56	5.27
国家国际科技合作基地数（个）	4	4
外国人才来华工作数（人次）	114	131
高技术产品出口额（百万美元）	3.44	0.71
高技术产品出口额占商品出口额比重（%）	1.03	0.26
实际使用外资金额（万美元）	9076	12837
实际使用外资金额占地区 GDP 比重（%）	0.48	0.67
空气质量优良率（%）	74.25	80.55
能源消费总量（万吨标准煤）	2016 年.00	2129.00
单位地区 GDP 能耗（吨标准煤/万元）	1.62	1.66
全社会用水总量（万立方米）	15779.69	15739.62
单位地区 GDP 水耗（立方米/万元）	12.64	12.25

银川市（1）

指标名称	2016 年	2017 年
全社会 R&D 经费支出（亿元）	19.32	25.10
全社会 R&D 经费支出占地区 GDP 比重（%）	1.19	1.39
财政科技支出（亿元）	4.95	8.22
财政科技支出占公共财政支出比重（%）	1.50	2.40
科创板上市企业数量（家）	0	0
发明专利拥有量（件）	1096	1448
万人发明专利拥有量（件/万人）	5.00	6.51
全员劳动生产率（万元/人）	14.32	15.48
居民人均可支配收入（元/人）	30478	32981
R&D 人员（人年）	7753	8221
每万名就业人员中 R&D 人员（人年/万人）	68.61	70.56
普通高等学校在校学生数（人）	98912	101638
万人普通高等学校在校学生数（人/万人）	451.43	456.72
基础研究经费（亿元）	1.74	4.01
基础研究经费占 R&D 经费比重（%）	9.00	15.98
国家重点实验室数量（个）	1	1
中央级普通高等学校数量（个）	1	1
中央级科研院所数量（个）	0	0
国家工程技术研究中心数量（个）	2	2
规上工业企业 R&D 经费支出（亿元）	13.53	16.48
规上工业企业 R&D 经费支出占主营业务收入比重（%）	0.78	0.86
高新技术企业数（家）	57	63
高新技术企业主营业务收入（亿元）	159.82	213.51

银川市（2）

指标名称	2016 年	2017 年
高新技术企业主营业务收入占规上工业企业比重（%）	9.20	11.16
国家高新技术产业开发区营业收入（亿元）	196.90	108.59
国家高新技术产业开发区营业收入占地区 GDP 比重（%）	12.17	6.02
国家级科技企业孵化器数（个）	2	2
国家大学科技园数（个）	0	0
国家备案众创空间数（个）	0	4
国家级双创示范基地数（个）	1	2
国家级科技企业孵化器当年新增在孵企业数（家）	30	39
国家大学科技园当年新增在孵企业数（家）	0	0
技术合同成交额（亿元）	2.63	3.22
技术合同成交额占地区 GDP 比重（%）	0.16	0.18
国家国际科技合作基地数（个）	3	4
外国人才来华工作数（人次）	269	265
高技术产品出口额（百万美元）	86.76	104.29
高技术产品出口额占商品出口额比重（%）	4.93	4.69
实际使用外资金额（万美元）	3555	3065
实际使用外资金额占地区 GDP 比重（%）	0.15	0.11
空气质量优良率（%）	69.04	63.56
能源消费总量（万吨标准煤）	2141.00	3158.03
单位地区 GDP 能耗（吨标准煤/万元）	1.32	1.75
全社会用水总量（万立方米）	11445.00	15475.24
单位地区 GDP 水耗（立方米/万元）	7.07	8.58

乌鲁木齐市（1）

指标名称	2016 年	2017 年
全社会 R&D 经费支出（亿元）	24.62	22.76
全社会 R&D 经费支出占地区 GDP 比重（%）	1.00	0.83
财政科技支出（亿元）	9.47	10.00
财政科技支出占公共财政支出比重（%）	2.27	2.18
科创板上市企业数量（家）	0	0
发明专利拥有量（件）	2102	2423
万人发明专利拥有量（件/万人）	5.97	6.91
全员劳动生产率（万元/人）	13.57	14.37
居民人均可支配收入（元/人）	34190	37028
R&D 人员（人年）	13419	10808
每万名就业人员中 R&D 人员（人年/万人）	74.05	56.89
普通高等学校在校学生数（人）	173847	193853
万人普通高等学校在校学生数（人/万人）	493.94	553.23
基础研究经费（亿元）	4.04	4.68
基础研究经费占 R&D 经费比重（%）	16.42	20.56
国家重点实验室数量（个）	1	1
中央级普通高等学校数量（个）	0	0
中央级科研院所数量（个）	3	3
国家工程技术研究中心数量（个）	3	3
规上工业企业 R&D 经费支出（亿元）	13.83	14.30
规上工业企业 R&D 经费支出占主营业务收入比重（%）	0.72	0.62
高新技术企业数（家）	223	276
高新技术企业主营业务收入（亿元）	591.17	699.18

乌鲁木齐市（2）

指标名称	2016 年	2017 年
高新技术企业主营业务收入占规上工业企业比重（%）	30.66	30.20
国家高新技术产业开发区营业收入（亿元）	374.52	3463.85
国家高新技术产业开发区营业收入占地区 GDP 比重（%）	15.23	126.85
国家级科技企业孵化器数（个）	5	6
国家大学科技园数（个）	1	1
国家备案众创空间数（个）	11	15
国家级双创示范基地数（个）	0	1
国家级科技企业孵化器当年新增在孵企业数（家）	168	160
国家大学科技园当年新增在孵企业数（家）	43	63
技术合同成交额（亿元）	2.47	2.31
技术合同成交额占地区 GDP 比重（%）	0.10	0.08
国家国际科技合作基地数（个）	10	12
外国人才来华工作数（人次）	143	125
高技术产品出口额（百万美元）	238.41	248.91
高技术产品出口额占商品出口额比重（%）	2.96	3.04
实际使用外资金额（万美元）	23700	577
实际使用外资金额占地区 GDP 比重（%）	0.64	0.01
空气质量优良率（%）	67.40	66.03
能源消费总量（万吨标准煤）	1568.00	1867.79
单位地区 GDP 能耗（吨标准煤/万元）	0.64	0.68
全社会用水总量（万立方米）	29655.00	30375.00
单位地区 GDP 水耗（立方米/万元）	12.06	11.12

4区2县（市）部分数据

创新型城市（区）定量指标数据（2017年）

指标	海淀区	杨浦区	滨海新区	沙坪坝区	昌吉市	石河子市
常住人口（万人）	348.0	131.3	298.4	115.1	50.9	64.8
公共财政预算收入（亿元）	650.9	119.5	529.0	67.1	42.1	44.0
固定资产投资（亿元）	1005.7	308.7	2487.2	637.8	509.8	348.6
GDP（亿元）	5942.8	1703.2	7000.0	860.2	400.4	514.9
人均 GDP（万元/人）	16.8	13.0	23.5	7.5	7.9	8.1
专利申请量（件）	68000	8783	21769	5721	715	1126
规模以上工业企业工业总产值（亿元）	2387.6	1065.2	8381.2	1890.9	372.2	633.0

创新型城市（区）定量指标数据（2016年）

指标	海淀区	杨浦区	滨海新区	沙坪坝区	昌吉市	石河子市
常住人口（万人）	359.3	130.9	299.4	113.4	50.0	62.3
公共财政预算收入（亿元）	477.1	119.0	1338.1	68.0	37.3	38.9
固定资产投资（亿元）	872.5	278.0	5310.8	667.0	356.0	333.8
GDP（亿元）	5395.2	1629.5	6654.0	786.0	384.8	470.7
人均 GDP（万元/人）	14.8	12.4	22.2	6.9	7.7	7.6
专利申请量（件）	70000	8456	29336	5301	740	1156
规模以上工业企业工业总产值（亿元）	2108.6	1083.8	7770.0	1789.9	345.5	617.0

五、指标解释和数据来源说明

◎全社会 R&D 经费支出

是指调查单位在报告年度内用于内部开展 R&D 活动的实际支出，包括用于 R&D 项目（课题）活动的直接支出，以及间接用于 R&D 活动的管理费、服务费、与 R&D 有关的基本建设支出及外协加工费等。数据来源：国家统计局。

◎全社会 R&D 经费支出占地区 GDP 比重

是指全社会 R&D 经费支出与地区 GDP 之比。GDP 是指按市场价格计算的一个国家（或地区）所有常住单位在一定时期内生产活动的最终成果。计算公式：全社会 R&D 经费支出/地区 GDP。数据来源：国家统计局。

◎财政科技支出

是指用于科学技术方面的公共财政支出，包括科学技术管理事务、基础研究、应用研究、技术研究与开发、科技条件与服务、社会科学、科学技术普及、科技交流与合作等。数据来源：财政部。

◎财政科技支出占公共财政支出比重

是指地方财政科技支出与公共财政支出之比。公共财政支出是指地方财政将筹集起来的资金进行分配使用，以满足经济建设和各项事业的需要。计算公式：财政科技支出/公共财政支出。数据来源：财政部。

◎科创板上市企业数量

是指在上海证券交易所科创板上市的企业数量。数据来源：上海证券交易所。

◎发明专利拥有量

是指调查单位作为专利权人在报告年度拥有的、经国内外知识产权行政部门授权且在有效期内的发明专利件数。数据来源：国家统计局。

◎万人发明专利拥有量

是指发明专利拥有量与常住人口数之比。常住人口包括：居住在本乡镇街道且户口在本乡镇街道或户口待定的人，居住在本乡镇街道且离开户口登记地所在的乡镇街道半年以上的人，户口在本乡镇街道且外出不满半年或在境外工作学习的人。计算公式：发明专利拥有量/常住人口数×10000。数据来源：国家统计局。

◎全员劳动生产率

是指根据产品的价值量指标计算的平均每一个从业人员在单位时间内的产品生产量。计算公式：地区 GDP/就业人员数。数据来源：国家统计局。

◎居民人均可支配收入

是指居民可用于最终消费支出和储蓄的总和，即居民可用于自由支配的收入，本报告居民仅指城镇居民。计算公式：被调查居民可支配收入总额/被调查居民数。数据来源：国家统计局。

◎R&D 人员

是指调查单位内部从事基础研究、应用研究和试验发展三类活动的全时人员加非全时人员按工作量折算为全时人员数的总和。数据来源：国家统计局。

◎每万名就业人员中 R&D 人员

是指 R&D 人员全时当量与就业人员数之比。就业人员指在 16 周岁及以上，从事一定社会劳动并取得劳动报酬或经营收入的人员。计算公式：R&D 人员/就业人员数×10000。数据来源：国家统计局。

◎普通高等学校在校学生数

是指在普通高等学校接受教育的学生数。普通高等学校是指通过国家普通高等教育招生考试，招收高级中等学校毕业生为主要培养对象，实施高等学历教育的全日制大学、独立设置的学院和高等专科学校、高等职业学校和其他机构。数据来源：国家统计局。

◎万人普通高等学校在校学生数

是指普通高等学校在校学生数与常住人口数之比。计算公式：普通高等学校在校学生数/常住人口数×10000。数据来源：国家统计局。

◎基础研究经费

是指用于基础研究的实际支出。基础研究是指为了获得关于现象和可观察事实的基本原理的新知识（揭示客观事物的本质、运动规律，获得新发展、新学说）而进行的实验性或理论性研究，它不以任何专门或特定的应用或使用为目的。数据来源：国家统计局。

◎基础研究经费占 R&D 经费比重

是指基础研究经费与全社会 R&D 经费支出之比。计算公式：基础研究经费/全社会 R&D 经费支出。数据来源：国家统计局。

◎国家重点实验室

是指根据《国家重点实验室建设与运行管理办法》建设与运营的，国家组织高水平基础研究和应用基础研究、聚集和培养优秀科技人才、开展高水平学术交流、科研装备先进的重要基地。数据来源：科技部。

◎中央级普通高等学校数量

是指中国科学院、教育部或其他国家部委所属的普通高等学校。数据来源：国家统计局。

◎中央级科研院所数量

是指中国科学院、农业农村部等国家部委所属科研院所。数据来源：国家统计局。

◎国家工程技术研究中心数量

是指按照《国家工程技术研究中心暂行管理办法》组建和运营的，依托于行业、领域科技实力雄厚的重点科研机构、科技型企业或高等院校，拥有国内一流的工程技术研究开发、设计和试验的专业人才队伍，具有较完备的工程技术综合配套试验条件，能够提供多种综合性服务，与相关企业紧密联系，同时具有自我良性循环发展机制的科研开发实体。数据来源：科技部。

◎规上工业企业 R&D 经费支出

是指年主营业务收入在 2000 万元以上的工业企业的 R&D 经费支出，规上工业企业是规模以上工业企业的简称。数据来源：国家统计局。

◎规上工业企业 R&D 经费支出占主营业务收入比重

是指规上工业企业 R&D 经费支出与主营业务收入之比。主营业务收入是指企业确认的销售商品、提供劳务等主营业务的收入。计算公式：规上工业企业 R&D 经费支出/规上工业企业主营业务收入。数据来源：国家统计局。

◎高新技术企业数

是指按照《高新技术企业认定管理办法》获得认定的，在《国家重点支持的高新技术领域》内，持续进行研究开发与技术成果转化，形成企业核心自主知识产权，并以此为基础开展经营活动，在中国境内（不包括港、澳、台地区）注册的居民企业。数据来源：科技部。

◎高新技术企业主营业务收入

是指高新技术企业确认的销售商品、提供劳务等主营业务的收入。数据来源：科技部。

◎高新技术企业主营业务收入占规上工业企业主营业务收入比重

是指高新技术企业主营业务收入与规上工业企业主营业务收入之比。计算公式：高新技术企业主营业务收入/规上工业企业主营业务收入。数据来源：科技部。

◎国家高新技术产业开发区营业收入

是指国家高新技术产业开发区内企业主营业务收入之和。国家高新技术产业开发区是指国务院批准成立的国家级科技工业园区。数据来源：科技部。

◎国家高新技术产业开发区营业收入占地区 GDP 比重

是指国家高新技术产业开发区营业收入与地区 GDP 之比。计算公式：国家高新技术产业开发区营业收入/地区 GDP。数据来源：科技部。

◎国家级科技企业孵化器数

是指依据《科技企业孵化器管理办法》认定的，以服务大众创新创业、促进科技成果转化、优化创新创业生态环境、培育企业家精神为宗旨，面向科技型创业企业和创业团队，提供物理空间、共享设施和专业化服务的科技创业服务载体。数据来源：科技部。

◎国家大学科技园数

是指依据《国家大学科技园认定和管理办法》认定的，以具有较强科研实力的大学为依托，将大学的综合智力资源优势与其他社会优势资源相结合，为推动高等学校产学研结合、技术转移和科技成果转化、高新技术企业孵化、战略性新兴产业培育、创新创业人才培养、服务区域经济提供支撑的平台和服务的机构。数据来源：科技部。

◎国家备案众创空间数

是指依据《国务院办公厅关于发展众创空间推进大众创新创业的指导意见》（国办发〔2015〕9 号）精神和《科技部关于印发〈发展众创空间工作指引〉的通知》（国科发火〔2015〕297 号），按照有关规定和程序，经审核认定的众创空间。

众创空间是顺应新一轮科技革命和产业变革新趋势、有效满足网络时代大众创新创业需求的新型创业服务平台。数据来源：科技部。

◎国家级双创示范基地数量

是指根据《国务院办公厅关于建设大众创业万众创新示范基地的实施意见》确定的，集聚资本、人才、技术、政策等优势资源，探索形成区域性的创业创新扶持制度体系和经验的示范基地。数据来源：国家发展改革委。

◎国家级科技企业孵化器当年新增在孵企业数

是指当年入驻国家级科技企业孵化器且尚未毕业的企业。数据来源：科技部。

◎国家大学科技园当年新增在孵企业数

是指当年入驻国家大学科技园且尚未毕业的企业。数据来源：科技部。

◎技术合同成交额

是指技术市场管理办公室认定登记的、技术转让方为当地企业或机构的技术合同的合同标的金额的总和。数据来源：科技部。

◎技术合同成交额占地区 GDP 比重

是指技术市场成交合同金额与地区 GDP 之比。计算公式：技术合同成交额/地区 GDP。数据来源：科技部。

◎国家国际科技合作基地数

是指由科技部及其职能机构认定，在承担国家国际科技合作任务中取得显著成绩、具有进一步发展潜力和引导示范作用的国内科技园区、科研院所、高等学校、创新型企业和科技中介组织等机构载体。数据来源：科技部。

◎外国人才来华工作数

是指依据《国家外国专家局 人力资源社会保障部 外交部 公安部关于全面实施外国人来华工作许可制度的通知》发放的外国高端人才（A 类）和外国专业人才（B 类）的合计许可证件数。数据来源：科技部。

◎高技术产品出口额

是指根据海关总署《高技术产品目录》，从商品出口额中分离出的数据，按原产地进行统计。数据来源：国家统计局。

◎高技术产品出口额占商品出口额比重

是指高技术产品出口额占商品出口额之比。计算公式：高技术产品出口额/商品出口额。数据来源：国家统计局。

◎实际使用外资金额

是指批准的合同外资的实际执行数，外国投资者根据批准外商投资企业的合同（章程）的规定实际缴付的出资额和企业投资总额内外国投资者以自己的境外自有资金实际直接向企业提供的贷款。数据来源：国家统计局。

◎实际使用外资金额占地区 GDP 比重

是指实际使用外资金额与地区 GDP 之比。计算公式：实际使用外资金额/地区 GDP。数据来源：国家统计局。

◎空气质量优良率

空气质量优良率即空气质量达到及好于二级的天数占全年比重，空气质量达到及好于二级的天数是指空气污染指数（AIP）≤100 的天数。计算公式：空气质量达到及好于二级的天数/全年实际天数。数据来源：国家统计局。

◎能源消费总量

是指一定地域内国民经济各行业和居民家庭在一定时间消费的各种能源总和。数据来源：国家统计局。

◎单位地区 GDP 能耗

是指能源消费总量与地区 GDP 之比。计算公式：能源消费总量/地区 GDP。数据来源：国家统计局。

◎全社会用水总量

是指城市范围内所有居民生产、生活用水量。数据来源：国家统计局。

◎单位地区 GDP 水耗

是指全社会用水总量与地区 GDP 之比。计算公式：用水量/地区 GDP。数据来源：国家统计局。

六、国家创新型城市名单

国家创新型城市名单

序号	地区	城市（区）
1	北京	海淀区
2	天津	滨海新区
3	河北	石家庄市、唐山市、秦皇岛市
4	山西	太原市
5	内蒙古	呼和浩特市、包头市
6	辽宁	沈阳市、大连市
7	吉林	长春市、吉林市
8	黑龙江	哈尔滨市
9	上海	杨浦区
10	江苏	南京市、无锡市、徐州市、常州市、苏州市、南通市、连云港市、盐城市、扬州市、镇江市、泰州市
11	浙江	杭州市、宁波市、嘉兴市、湖州市、绍兴市、金华市
12	安徽	合肥市、芜湖市、马鞍山市
13	福建	福州市、厦门市、泉州市、龙岩市
14	江西	南昌市、景德镇市、萍乡市
15	山东	济南市、青岛市、东营市、烟台市、潍坊市、济宁市
16	河南	郑州市、洛阳市、南阳市
17	湖北	武汉市、襄阳市、宜昌市
18	湖南	长沙市、株洲市、衡阳市

续表

序号	地区	城市（区）
19	广东	广州市、深圳市、佛山市、东莞市
20	广西	南宁市
21	海南	海口市
22	重庆	沙坪坝区
23	四川	成都市
24	贵州	贵阳市、遵义市
25	云南	昆明市、玉溪市
26	西藏	拉萨市
27	陕西	西安市、宝鸡市、汉中市
28	甘肃	兰州市
29	宁夏	银川市
30	青海	西宁市
31	新疆	乌鲁木齐市、昌吉市、石河子市